全新修訂版

# A GAME OF BONDS

## 當債券連結國家命運
### "大債時代" 的危機預讀本

How Bonds Change the Destiny of Nations

林睿奇 Richie Lin 著

# 增訂版序

本書的初版是我在2016年時開始著手寫作，當時見到全球債券的規模成長到前所未有的水準，因而感到憂心忡忡。我在書中的前言用了「一場迫切的危機」來形容這種現象。多年過後，這場迫切的危機化為現實，並在多個面向深深地影響了國家、企業和投資人，甚至造成不少人的椎心之痛。

2023年最令債券投資人震驚的一件事，莫過於瑞士信貸價值約170億美金的AT1債券遭到瑞士當局下令註銷，投資人瞬間血本無歸。我在初版寫作時戲稱這種債券為「超級變形債券」，也為這類複雜產品所帶來的風險提醒讀者。銀行是特許事業，本質上採取高財務槓桿的運作方式，債務遠高於自有資本數倍，如果缺乏適時的監控，很容易引發國家級的金融危機。瑞士政府為了不讓虧損連連的瑞士信貸面臨擠兌倒閉，強力運作該國第一大銀行UBS併購瑞士信貸。UBS擔憂合併後的財務惡化，因此與瑞士政府討價還價，而其中一項條件便是將瑞士信貸的AT1債券歸零，等同註銷了約170億美金的債務。這項決定造成了兩個令債券投資人難以接受的結果，第一是銀行沒倒，但持有的債券卻化為烏有，第二則是賠償順位優於股票的債券居然比股票投資損失更大。

西方世界的災難並沒有在東方世界複製，而是以另一種形式發生。從改革開放以來，中國經濟依賴投資拉動成長，不僅是各個產業

的投資，房地產的投資更是經濟成長和地方稅收的重要來源。2023年8月，中國大型地產發展商恆大集團在美國申請破產保護，曾經躍居中國首富的恆大創辦人許家印在9月於中國被捕。恆大事件的遠因是地產發展商為了大舉開發而過度舉債，近因則是2020年中國政府提出「三條紅線」的監管要求，限制債務規模，使得不少地產發展商無法以債養債，甚至不能取得資金完成正在進行的建案。緊接而來的是，中國最大的民營地產發展商碧桂園也步上後塵。2023年10月，碧桂園未能支付債券利息，正式構成外債違約。中國地產發展商引發的風暴不但造成房地產和債券投資人的損失，銀行面臨壞帳的壓力，也讓付款買房的民眾望著爛尾樓欲哭無淚，中國的經濟更因此雪上加霜。

看似經濟具有高度韌性的美國也無法避免「大債時代」的折磨。美國自1917年引入債務上限制度，內容是規範財政部可以承擔的債務額度，在額度內的舉債不需獲得國會同意。然而，在不斷發債支應開銷的情況下，根據美國財政部的網頁，自1960年起，美國提高債務上限的次數至少已有78次。當中還曾發生不幸的事件，在2011年，債務上限未能及時獲得國會的同意，因而被信評公司標準普爾調降美國主權債券的信用評等。債務上限的爭執常常引發美國政府關門的擔憂，更不時造成金融市場動盪。一般來說，債券遭到調降評等會令籌資成本上升，在財政收支或結構性沒有改善的情況下，債務困境將會落入惡性循環。雖說多數人認為美國政府不可能倒債，因此債務

上限的問題和信用評等的調降並不會影響美國的籌資成本和能力，但實際上，這種被人忽視的風險卻在默默地產生。像是在2023年9月，美國聯準會停止升息後的一段時間，長期債券殖利率卻突然大幅提高，分析指出原因很可能是財政赤字擴大以及長期債券供給增加，而這樣的結果將會導致債務規模繼續擴張，對於資產價格和經濟發展形成壓力，甚至埋下金融危機的導火線。

　　本書在這樣的背景下再版發行，一方面我想藉此機會感謝讀者們過去的支持，一方面也希望再次喚起大眾對於國家債務的重視以及投資債券的風險意識。自本書初版面市以來，全球的債務規模與日俱增，尤其經歷2020年COVID-19疫情爆發，各國政府不得不擴大支出。疫情引發供應鏈的混亂，導致通貨膨脹大幅上升，政府只好升息應對，因而本息償還的壓力更大。雖然債務危機至此似乎沒有解決之道，但我仍相信，透過對於事物本質和歷史的了解，有助於產生危機感，進而共同構思解方，這是避免債券顛覆國家命運的必經過程，也是我寫作本書的初衷。

# 債券投資的傳統和進化

## 李玉秋
中國信託銀行泰國子行LH Bank董事長

　　傳統上，債券是比較保守的投資工具，因它具有下列幾個特點：

　　**1. 固定配息的功能**：不論是「主權債」或「公司債」，基本上債券就像是一張債務人開給債權人的債權憑證，簡單來說就是借據，上面記載著借款金額、期限、利率，以及利息給付時間等條件，債務人定期依照原定條件支付固定的利息給債券持有人，所以債券又被稱為「固定收益的有價證券」（fixed income securities），在到期日時債務人必須完全返還借款金額。

　　**2. 價格波動較小**：債券價格波動的因素很多，利率的漲跌，發行人的信用，經濟景氣的變動等，但是正常情況之下幅度會比股票，外匯，期貨等風險性資產小很多。

　　**3. 信評機構的加持**：國際一流信評機構，如S&P，Moody's 等，其業務模式雖然在2008年金融海嘯後遭到很大的質疑，但是這些機構畢竟還是有相當的公信力，所做的債券信用評等讓投資人有客觀的依據做為投資的參考。

　　因為有這些特點，債券是很好的財務規劃的工具，不論是較保守的投資人（例如為了退休做長期準備），或是公司法人閒置資金的運用，都可以利用優質的債券達到長短期財務規劃的目的。可惜的是，

國內債券市場一直不很健全，發行量雖然在過去20年有很大的成長，櫃買中心也盡力擴大發行量創造流動性，甚至設立國際板，希望吸引國際知名公司機構來台發行外幣債券，但是散戶能夠參與的極少，債券的買方主要還是法人機構，尤其銀行和保險公司更是最大的買主，銀行買了債券可以交給中央銀行當存款準備，保險公司買了當作投資，一直持有到到期日，兩者都不能創造債券的流動性，從而使得一般散戶或中小企業等小額投資人無法參與債券市場交易以及中長期財務規劃。因為債券流動性偏低的情況短期內很難改善，小額投資人只有退而求其次，把手上的餘錢投資在債券基金或高配息股票，甚至近幾年大行其道那類附有撥回機制的投資型保單等，以達到領取固定現金流的目的。

但是，債券基金或高配息股票並不「保本」，配息率也不固定，股票風險尤其相對高，不能完全取代債券的功能，投資型保單大賣的結果，使得銀行體系內的游資大量轉往保險公司，在投資市場操作不易而又有撥回（事實上就是配息）的壓力之下，容易造成保險業的系統性風險，這也是主管機關近來很關注的情形，因此時不時會傳出某一張保單因為賣的太好而被主管機關要求限期停售，結果停售前又是一波搶購風潮。如果臺灣的債券市場能夠更加健全，有足夠的貨源和交易量讓散戶也能夠參與，前述的情形可以避免，只是債券市場流動性不足的問題由來已久，需要主事者以更開闊的角度來研究這個問題並提出相對應的辦法。

本書作者林睿奇先生是我以前美林證券的同事，在臺灣及香港從

事金融理財工作多年，對於國際債券操作尤其有心得，他的新作《當債券連結國家命運》是第一部以深入淺出筆法介紹債券投資原理和策略的書，不論是對從事財富管理的工作者還是一般投資人都很有參考價值。書中第二部介紹了傳統的公債和公司債，更以新奇的角度如《星際大戰》等電影比喻描述了金融海嘯前後衍生的變形債券，如CDO（Collateralized Debt Obligation，擔保債務憑證），CoCo bond（Contingent Convertible Bond，應急可轉債）等，這類變形債券的產生固然有其目的和背景，但是其中隱含的風險遠超過傳統的債券，尤其CDO更被認為是造成2008年金融海嘯的元兇，雖然這種說法有點言過其實（真正的元兇應該是華爾街的貪婪文化），但是衍生性金融商品如CDO等的確也是造成當時金融市場動盪的起因。

華爾街的貪婪文化是資本主義社會的產物，由來已久，而且起起落落，絕不消失，近年更以全球化的速度蔓延全世界，造成「華爾街打噴嚏，全世界都感冒」的情形。金融海嘯後各國政府試圖把這隻貪婪怪獸關在權力的籠子裏，但是就像過去無數次的前例，它不斷在進化，甚至變得更加強大，總有一天會突破樊籠，再一次衝擊金融市場走向不可測的未來。

林先生的這本新作對衍生性變形債券的描述相當深入也表達了他的憂慮，在欣賞他的幽默筆法之餘，他的看法也頗值得深思。

# 目錄

# 一場迫切的危機

這本書要試著解釋清楚一個人們常聽見卻又陌生的東西（或者是商品），同時，它也可能是下一場全球危機之源。

它就是「債券」，也是全球是否能避免再發生全面性金融危機的關鍵。

在電影《星際大戰7：原力覺醒》中，當「韓蘇洛」被他兒子刺死的那一刻，所有影迷應該都同感惋惜，而我常常在想，如果韓蘇洛在年輕時能夠具備豐富的債券知識，說不定就可利用「證券化」來擺脫他顛沛流離的生活，並好好養育自己的兒子，最後便不會走上這種悲劇！為了稍稍撫慰星戰迷的情緒，本書也將講解「證券化」並改編電影劇情，運用債券為工具來拯救韓蘇洛。

除了電影情節的想像之外，在現實生活中，我也常常在思考，如果一般人能夠了解債券，善用資金買賣債券，收取穩定的配息、傳承累積的財富，是否就可以逐漸擺脫財務上的束縛，追求心靈上和生活上的自由呢？從過去在美林（Merrill Lynch）工作至今，我在私人銀行業已有20多年的時間。回想接觸過的個人或企業，我發現，即使經過「俄羅斯倒債危機」、「次貸危機」、「金融海嘯」和「歐債危機」等等與債券有關的市場災難，投資人對於債券的認識仍是一知半解。大部分人對於債券的知識增長甚少，但債券的發行量和複雜度卻一日千里。

現今債券這項課題，不僅僅只是理財工具如此簡單而已，即使不去投資債券的個人或公司，也將身不由己地陷入「大債時代」的泥淖。在2008年金融海嘯之後，債券在全球政府的財政擴張下躍居為經濟的焦點，更在央行「量化寬鬆」和低利率的貨幣政策下獨領風騷。令人憂慮的是，濫用債券所衍生出的危機，會不會以「死灰復燃」的方式複製金融海嘯，或者是從「價」、「量」、「質」各方面，以千變萬化的面貌侵襲我們的世界？

## 本書大綱

當各位閱讀《當債券連結國家命運》這本書，除了可以學習如何投資債券之外，我更期盼喚起大家正視「濫用債券」會帶來什麼後果。接下來，容我先簡單介紹一下這本書的各個主題：

第一章「**債券為什麼會漲跌**」，嘗試以生動的方式來講解債券的原理。本章要先傳授債券的一些基本專業知識，主要是為了奠定理解後面章節的基礎。

第二章「**債券投資的原理**」提到投資債券的策略和風險。雖說本書的重點在於探討債券如何連結國家命運，但在債券市場之中，不只政府、央行和企業扮演關鍵的角色，投資人對於債券的發行和獲利需求，也直接或間接影響到債券市場的運作和決策者的決定。因此，懂得投資人的操作策略，也是撰寫本書不可或缺的一環。

第三章「**主權債券**」則以俄羅斯和歐洲的債券危機為例，破除投資政府債券不會虧損的迷思，並探討「量化寬鬆」的貨幣政策，感受主權債券如何影響國家的興衰。

第四章「**公司債券**」是從企業主和投資人的角色互換中，體會籌資和投資的困難之處。為了讓讀者感受購買公司債券的風險，以及大規模流通的公司債券對於國家造成的潛在威脅，我們將進行一場角色扮演，讓讀者擔任美國安隆公司的老闆。

在第五章「**抵押債券**」裡，我改編了《星際大戰》的電影劇情，試圖以「證券化」解救韓蘇洛，藉此讓讀者了解這種較為複雜的債券，並緊接著說明抵押債券的濫用如何引爆次貸危機。

第六章「巴賽爾協議III的債券」則詳述這個近年來迅速發展的「變形」債券。除此之外，本章節還會提到華爾街的遊說威力，以及美國前總統川普（Donald Trump）欲除之而後快的《陶德—法蘭克法案》（Dodd-Frank Wall Street Reform and Consumer Protection Act）等等。無疑地，「量化寬鬆」影響債券的「價」和「量」，埋下引發危機的導火線，而「巴賽爾協議III」（The Basel III Accord）的債券則可能以「質變」來造成更大的震盪。

第七章「決策困境」要探討在威脅潛伏的情況下，為何各國仍然漠視危機的發生，究竟是無力？還是無能？

第八章「如何避免債券顛覆國家」，我會以韓劇「魷魚遊戲」和武俠小說「笑傲江湖」來作比喻，針對如何避免債券顛覆國家，提出建言和思考方向。

債券是一種籌資和投資的工具，善用債券可令獲利暴衝，還可拯救企業和國家於危急存亡之秋。然而，債券並非像表面上的單純，隱藏在深處的細節，透過「證券化」、結構性設計等方式，幻化出各種不同的面貌，濫用的後果則會造成本金減記、債權轉股權或投資化為烏有等悲劇，輕則損失個人財富，重則引發金融危機。希望讀者以歷史為借鏡，並從故事中來理解，體會債券如何影響國家的命運，進而阻止在位者漫無止境地擴張債務。

# PART 1
## 認清債券的本質

# 第1章：債券為什麼會漲跌

43 LESSONS FOR
BUSINESS & LIFE

> 交易市場就像上帝一樣，
> 幫助那些自助者。但和上帝不同的是，
> 交易市場不會原諒那些不知道自己在做什麼的人。
>
> ——著名投資家 華倫·巴菲特（*Warren E. Buffett*）

　　就如本書書名所言的，「債券」這東西具有改變國家命運的威力嗎？它是否將會再度釀成金融危機？我們又該如何避免危機發生呢？

　　要回答這些問題，我們必須先了解市場為何需要債券，並從供給方（例如政府和企業）與需求方（例如投資人）的角度來了解債券的基本原理。之後，我們才能理性地評估債券如何改變這世界的面貌，以及探討債務危機引發金融風暴的可能性。

　　債券的發行主要是為了應付資金需求，而資金需求的目的除了維持發債主體的運作之外，更是為了持續擴張。想到要籌措資金和擴張財務，腦海裡總會浮現出這段電影台詞：*先開分店，一間變兩間，兩間變四間，四間變八間，八間之後上市，接下來再分拆上市，到時光收股息我就削翻啦！哈哈哈……。*

　　想要達到以上的目的，除了向金主或銀行借錢之外，還可以透過資本市場獲得資金，而形式上則以發行股票和債券為主。然而，當公司賺錢的能力遠超過所需支付的債息時，股東們自然希望以發債來賺取更多的獲利。假使公司的股本是50萬而無負債的時候，當公司賺了100萬，股東們就會收到100萬。為了擴張生意、想要賺到200萬，股東們估計需要再籌50萬的資金。這時，他們可以選擇發行價值50萬的股票或票面利率為10%的債券。如果決定向他人發行股票，則股本就變成100萬，而原股東們所佔的股權就只剩50%。當公司真的賺到200萬時，原股東們就只能得到50%的收益，也就是等於之前的100萬。但如果發行債券的話，在支付債息10%，也就是5萬之後，股東們就能賺到195萬。

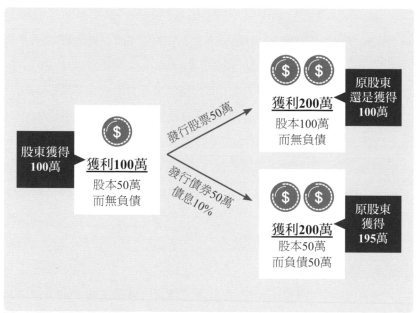

圖1.1 發股或發債的分析圖

　　看到這裡，一般人心裡應該會想：「要賺錢就要舉債，借完50萬再借100萬，借完100萬再借1000萬，透過槓桿操作，我就賺翻啦！哈哈哈……。」然而，真的這樣做的時候，50萬的股本再加上發債1,000萬，公司的總資產就變成1,050萬，而財務槓桿就是21倍（即1,050萬除以50萬）。這一年，股東們可能滿心期待大豐收的到來，躺在加勒比海的沙灘上，喝著特調的雞尾酒，等待財報的出爐。但假使事與願違，股東們的情緒恐怕會大大地崩潰。

　　我們想像一種情景，本來他們預期公司會從舉債擴張之中大賺

2,000萬，卻沒想到支出暴增，景氣也沒有想像中的好，若干投資又大大虧損，公司勉勉強強只賺了50萬。由於發行1,000萬的債券，每年需要付息100萬，在扣掉所賺的50萬後，公司仍然短缺50萬，而這50萬必須從公司的資產來支應。但公司的資產在景氣蕭條之際，又面臨變現不易的話，所發行的債券就會進入違約的狀態，而債權人為了收回資金，可能會要求公司清算變賣資產。屆時如果資不抵債，公司就將遭受破產的噩運。

這樣的場景是不是似曾相識呢？沒錯，這就是引發2008年金融海嘯的原因之一，也就是金融機構過度「槓桿化」的後果。債券發行人（bond issuer）當初想以發債來擴張生意或增加投資獲利，但卻因為過度使用槓桿，導致原本的初衷全都變了調，甚至攪亂了金融市場，改變了國家命運。債券投資人本想以債券配發的利息，獲得穩定的收入，並在債券到期時收回本金，但最後不少人卻落得血本無歸，而政府在過程中不僅沒有充分發揮監督的角色，甚至還推波助瀾。整起事件，最倒楣的莫過於沒有參與債券投資的納稅人。政府不但沒有將稅收用在他們身上，反而拿去救助闖禍的金融機構，間接地也保護了大多數的債券投資人。最後，政府自己還要舉債來收拾殘局，也令所有人民背負更多的債務。

2008年金融海嘯之後，金融機構掀起一波「去槓桿化」的浪潮[1]，也就是著重於債務縮減和充實資本。之所以這麼做，一方面是因為不少金融機構曾經徘徊在破產的邊緣，另一方面則是政府面臨民意的壓力，對於金融機構實施更強硬的態度和更嚴格的監管。緊接而來的

是，巴塞爾銀行監理委員會推出了強化資本適足率的時程表，並新增了有關流動性和槓桿比率的要求，這就是所謂的「巴塞爾協議III」。在這樣的氛圍下，全球主要國家也逐漸形成共識，不讓金融機構「大到不能倒」，避免道德危機（moral harzard）影響全球的金融秩序。然而，這樣就代表未來的債券市場將會變得更美好嗎？答案其實不然！巴塞爾協議III讓債券的發行種類更趨複雜化，結果將使得投資人無法充分了解風險，金融體系恐怕也會由於「變形」債券逐漸增多，令「去槓桿化」事倍功半。還有，全球主要央行的購債計畫更讓債務的累積威脅經濟的穩定性。此外，自2016年以來，各國重啟以舉債來擴張財政的意圖也逐漸醞釀，結果恐怕將會加速災難的到來。

咦……先等一下！前面的敘述將債券的神奇功效捧上了天，怎麼經過幾段的起承轉合，債券就成了十惡不赦的罪人了呢？為了瞭解債券的多重面貌，我們必須從債券的本質和組成來探討，並為理解後面的章節奠定閱讀的基礎。

### 債券的波動

債券是發行人為了籌措資金的工具，發行人支付約定的債息給購買者，並於約定的時間和價格將本金償還。**_在一般人的印象中，債券的價格應該是穩定、波動不大的，但實際上，債券價格的漲跌幅有時還會遠超過股票_**。既然如此，我們就該探究債券如何被定價，以及價格會受到那些因素的影響。為了方便說明，以下公式可以清楚地做出解釋：

$$\sum_{t=1}^{T} \frac{C}{(1+r)^t} + \frac{F}{(1+r)^T} = 債券價格$$

＊C代表債券的票面利息；T代表支付債息的時期；F則是債券到期的面值；r是折現率，
在這個公式中，還可以當作類似信用評等和到期日的債券市場利率。資料來源：維基
百科—債券估值

請先等一下！在你對於數學公式感到厭惡、想要闔上本書之前，請容我用實例來美化一下這個難看的公式。假設發行人發行一支兩年期的債券，每年配息一次，票面利息是5，到期面值是100，而上述中所提到的r為5%，則債券價格就可以從以下公式算出：

$$\frac{5}{(1+5\%)^1} + \frac{5}{(1+5\%)^2} + \frac{100}{(1+5\%)^2} = 100$$

一般來說，由於票面利息、到期日和到期面值在發行時就已經決定了，所以是一個固定的數值。在這個公式裡，唯一會影響債券價格的就是r，我們將它簡稱為**市場利率**。從公式中可以看出，當市場利率上升時，債券價格就會下跌，而當市場利率下跌時，債券價格就會上漲。這也是為什麼美國聯準會（Federal Reserve System，簡稱Fed）準備升息時，債券投資人會焦慮不安的原因。如果想要感受債券價格如何對應市場利率的改變而漲跌，可以將不同的數字來取代5%，這樣更能體會債券價格和市場利率的反向關係。

透過公式，應該能夠感受到債券的活力，而非認為債券只是暮氣

沉沉的單調投資。如需更了解債券價格的變動，深入探討債券的組成和觀念是必要的。這個部分的解說雖然相對無趣，但是我保證，在學好基本功之後，在未來的日子裡，你將更容易從投資債券中獲利。此外，了解債券的價格變動和基本觀念，還能有助於你洞悉央行的決策和政府操作財政的意圖。

## 面值（Face value）與票面利率（Coupon rate）

　　一般來說，*債券的面值為100的倍數*。債券發行人在發行債券時會訂定票面利率，通常會以同年期的參考指標利率，例如政府公債殖利率，再加上一個數字，這個數字的多寡則視發行人的信用評等而定。例如兩年期公債殖利率為2%，發行人在發行兩年期的債券時，將票面利率訂為兩年公債殖利率加上3%，則票面利率就等於5%。以每年配息一次來說，持有100元的債券，每年可拿到債券利息5元。以上所述訂定票面利率的算法，是假定債券發行價格為100，而該債券的票面利率和殖利率是相同的情況來計算。在介紹殖利率的概念之後，我會修正一下票面利率訂價的算法。

　　在此之前，先補充一個觀念，以同樣是兩年期的債券來說，不同票面利率的債券，債券價格對於市場利率的敏感度並不相同。例如一支票面利率是5%的債券，當市場利率為5%的時候，債券價格是100，而另一支票面利率是10%的債券，套入公式後，算出的債券價格是109.30。假設市場利率突然變為8%，票面利率為5%的債券價格變為94.65（下跌5.35%），而票面利率為10%的債券價格則變為

103.57（下跌5.24%）。所以同年期的兩隻債券相比，票面利率較高的債券，債券價格對於市場利率的敏感度較低。

### 到期殖利率（Yield to maturity，縮寫YTM）

在我美化過的兩年期債券公式中，債券價格是100，而每年的配息是5，所以想當然耳，投資在兩年債的年報酬率為5%。但在真實世界中，除非是新發行的債券，投資人要在次級市場，也就是二手市場，買到價格是100的債券並非容易的事。假設，買到的價格是102的時候，所投資債券的年報酬率就不會是5%。那應該是多少呢？這就是殖利率的觀念。債券的到期殖利率，以所舉的例子來說，就相當於投資兩年債所獲得的平均年報酬率。當債券價格是102、年期是2年、票面利率是5%、到期面值是100時，套入公式或用手機APP就可以算出，債券的到期殖利率從5%變成3.94%。

解釋至此，你是不是感到有些困惑呢？3.94%這個數字在公式中，怎麼會佔據r的位置呢？r不是折現率，或是債券市場利率嗎？其實到期殖利率、折現率和債券市場利率在公式中指的是同一件事，就像一個作者有中文名和英文名，還有筆名一樣，在不同的狀況有不同的呈現和面貌。**_債券市場利率指的就是債券的殖利率_**。當我們所購買的兩年債，跟市場上其他債券有類似的信用評等和到期日時，兩年債的殖利率和其他債券的殖利率應該趨於一致。折現率則是用來計算未來收入的現值，而在公式中，當其他數字已知時，折現率就成了債券所需的平均年報酬率，也就是到期殖利率。

在了解殖利率的意義之後，我要修正一下關於票面利率的定價說法。正確的說法應該是，**_債券發行人在決定新發債券的到期殖利率時，會以同年期的參考指標加上一個數字當作到期殖利率，而當發行價格為100的時候，票面利率就等於到期殖利率。_**

簡單來說，為了符合新發債券的殖利率，發行價格和票面利率就要相對地做調整。真實世界的運作方式是，當發行人在發行新債券時，會和承銷機構決定一個符合自己信用評等的殖利率，這時的殖利率是一個約略的參考。之後，將視認購情況和市場利率的波動，訂出一個最終的殖利率，然後再決定相對應的發行價格和票面利率。

在觀察債券報價的時候，有時還會出現YTC（yield to call）這個名詞，也就是贖回殖利率。這是發行人在發行債券時，對於債券設有提前贖回的條件。這個權利給予發行人若干彈性，發行人可視市場狀況提前贖回債券。尤其在市場利率走跌的時候，發行人就有誘因提前贖回債券，並重發利率更低的債券，以節省債息支出。我們再回到上述的例子，假設一年後，投資人所購買價格102的兩年債被發行人提前以100贖回時（到期年期剩下一年），我們可以套用公式，此時的r便代表贖回殖利率：

$$\frac{5}{(1+r)^1} + \frac{100}{(1+r)^1} = 102$$

透過計算，得出的贖回殖利率為2.94%。此時投資人應該很恨

YTC這個名詞，因為提前贖回讓年報酬率少了1%，而且之後又要面臨再投資的風險，也就是市場上的債券殖利率普遍走跌。可以想見的是，未來的報酬率將會更低。

### 當期收益率（Current yield）

除了殖利率之外，另一個容易和票面利率搞混的觀念是當期收益率。當期收益率的計算相當簡單，就是直接拿債息除以債券價格。所以當債券剛發行，價格為100而票面利率是5%時，債券的票面利率、殖利率和當期收益率都會是5%，但在債券價格改變的時候，例如102，當期收益率就變成4.9%（5÷102），便會與票面利率和殖利率皆不相同。當期收益率只是計算債息和債券價格的比率，不考慮未來債券價格的漲跌。也因為太過簡化報酬率的計算，這項比率所代表的意義並不大。就像一些金融從業人員在銷售債券基金給客戶時，總是以基金的配息率當作賣點，而投資人也忽略了基金淨值變化對於報酬率的影響。順便提到一點，投資債券基金不等同於直接投資債券，基金沒有到期償還本金的機制。雖說這是顯而易見的道理，但我的確發現不少人沒有察覺這項差異。

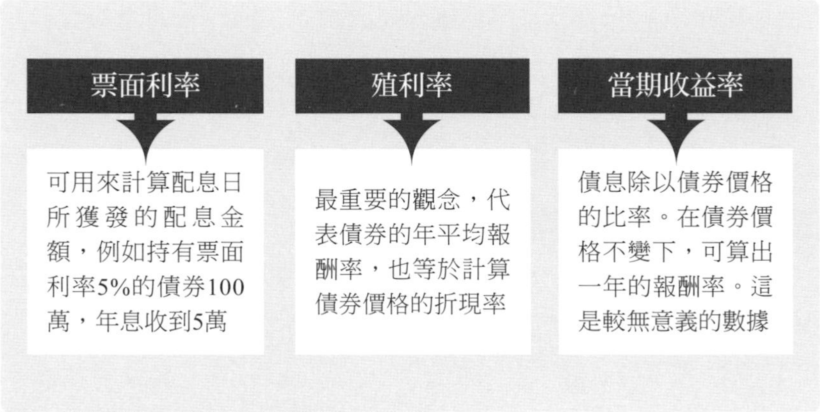

| 票面利率 | 殖利率 | 當期收益率 |
|---|---|---|
| 可用來計算配息日所獲發的配息金額，例如持有票面利率5%的債券100萬，年息收到5萬 | 最重要的觀念，代表債券的年平均報酬率，也等於計算債券價格的折現率 | 債息除以債券價格的比率。在債券價格不變下，可算出一年的報酬率。這是較無意義的數據 |

圖1.2 票面利率、殖利率和當期收益率的比較

### 信用評等（Credit rating）

在講解殖利率的時候，我曾經提過，通常債券發行人會用同年期的參考指標利率加上一個數字，以此訂定殖利率。至於這個數字如何訂定，當然不是發行人自己說了就算，主要還得依據自身的信用評等。信用評等好的發行人，這個加上去的數字就比較小，所以殖利率較低。信用評等差的發行人，由於投資人面臨較大的風險，因此需要加上較大的數字，訂定較高的殖利率，才能吸引投資人認購債券，發行人也才可以順利募集資金。既然信用評等對於債券發行人如此重要，直接影響到了債息成本，那麼信用評等又是由誰所決定的呢？

在國際上慣用的三大信評公司為穆迪（Moody's）、標準普爾（S&P）和惠譽（Fitch）。以較長期的債券來看 [2]，Baa3（Moody's）、BBB-（S&P）和BBB-（Fitch）以上等級的評等屬於投資等級的債券，

| Moody's | | S&P | | Fitch | | Rating Discription |
|---|---|---|---|---|---|---|
| Long term | Short term | Long term | Short terme | Long term | Short term | |
| Aaa | P-1 | AAA | A-1+ | AAA | A1+ | Prime |
| Aa1 | | AA+ | | AA+ | | High Grade |
| Aa2 | | AA | | AA | | |
| Aa3 | | AA- | | AA- | | |
| A1 | | A+ | A-1 | A+ | A1 | Upper Medium Grade |
| A2 | | A | | A | | |
| A3 | P-2 | A- | A-2 | A- | A2 | |
| Baa1 | | BBB+ | | BBB+ | | Lower Medium Grade |
| Baa2 | P-3 | BBB | A-3 | BBB | A3 | |
| Baa3 | | BBB- | | BBB- | | |
| Ba1 | Not Prime | BB+ | B | BB+ | B | Non Investment Grade Speculative |
| Ba2 | | BB | | BB | | |
| Ba3 | | BB- | | BB- | | |
| B1 | | B+ | | B+ | | Highly speculative |
| B2 | | B | | B | | |
| B3 | | B- | | B- | | |
| Caa | | CCC+ | C | CCC | C | Substantial risks |
| Ca | | CCC | | | | Extremely speculative |
| C | | CCC- | | | | In default, with little prospect for recovery |
| / | | D | / | DDD | / | In default |
| / | | | | DD | | |
| / | | | | D | | |

表1.1 信用評等的分類。資料來源：Credit rating, Wikipedia

而以下等級的債券就屬於垃圾債券（junk bond），或美其名為高收益債券（high yield bond）。表1.1為三大信評公司的信用評等分類。

　　雖說債券在發行的時候，已經訂好了信用評等，但隨著發行人財務狀況的改變，信用評等還是會有調升或調降的可能性。當債券信用評等被改動時，債券的價格也會同步地受到影響。以標準普爾的信用評等來舉例說明，當一個A等級的兩年期債券在發行時，假設是以兩年期的公債殖利率（例如2%）加上3%來定價，殖利率便是5%，而票面利率也為5%時，債券的發行價格就為100。

$$\frac{5}{(1+5\%)^1} + \frac{5}{(1+5\%)^2} + \frac{100}{(1+5\%)^2} = 100$$

　　此時，假設還有一個AA等級的兩年期債券，由於信用評等較高，這個被加上的數字就會比A等級的債券來得低（例如2%），而殖利率就變成4%。當票面利率也是4%時，得出債券的發行價格便為100。從邏輯上來推論，相同信用評等的債券，殖利率應該要相同，所以當票面利率5%的A等級債券獲得標準普爾調升為AA等級的信用評等時，殖利率將會從5%變成4%。此時，我們把公式中的5%換成4%，就會得出債券價格變成101.89。這個結論告訴我們，當債券的信用評等獲得調升時，債券價格便會上漲。反之，當債券的信用評等被調降時，債券價格便會下跌。

## 到期日（Maturity date）與年期（Tenor）

在正常的殖利率曲線中，到期日越長的債券通常有較高的殖利率。換句話說，債券發行人需要提供較高的殖利率，才能吸引投資人認購長債，因為投資人持有較長期債券的時候，將會面對更多的不確定性，例如通貨膨脹等因素，而且持有長債的機會成本較高，當投資人想要賣出債券而轉投其他產品時，可能會承受較大的虧損。與短期債券相比，長期債券的價格對於市場利率變動的敏感度較高。

以2015年12月中旬美國聯準會升息一碼（即0.25%）為例，殖利率曲線也隨之改變（見下頁圖1.3）。圖中2015年12月1日的線是升息前美國公債的殖利率曲線，2016年1月4日的線是升息後的殖利率曲線。假設有一個發行人，信用評等和殖利率曲線跟美國公債皆相同，而我們將這個發行人取名為「賺到翻」。「賺到翻」公司在2015年的12月1日發行了兩年期的債券，發行價格為100，而票面利率和殖利率皆為0.91%。同一時間，「賺到翻」也發行了二十年期的債券，發行價格為100，票面利率和殖利率皆為2.55%。在美國聯準會升息後，兩年期「賺到翻」公司債的殖利率跟隨市場利率變成1.02%，二十年期「賺到翻」公司債的殖利率則變成2.64%。接下來，有了票面利率和最新殖利率之後，將數字套入公式（我建議直接用手機APP或上網搜尋計算殖利率的網站），可以得出兩年債的價格變成99.79，而二十年債的價格變成98.62。所以在升息的時候，長期債券的價格會比短期債券跌得多，反之，如果預期市場利率會下跌，投資長期債券會比短期債券賺得更多。

以二十年期的「賺到翻」公司債來看，殖利率只是從2.55%變成2.64%，微幅0.09%的增加，就讓債券價格跌了1.38%。假使美國聯準會持續升息，一年之後，令殖利率曲線回到金融海嘯前，也就是2008年8月中左右。當時美國二十年公債殖利率是4.5%，所以二十年期「賺到翻」公司債的價格就會變成75.44左右。與此同時，美國兩年公債殖利率是2.4%，兩年期「賺到翻」公司債的價格只是跌到98.55而已。

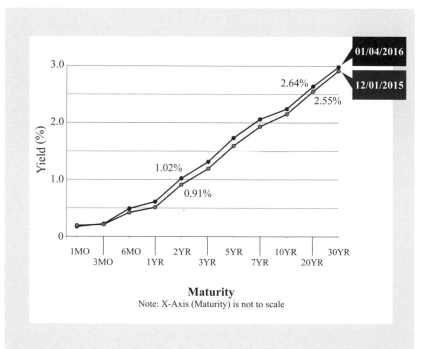

**圖1.3** 美國公債殖利率曲線（縱軸為殖利率，橫軸為到期年期）。資料來源：美國財政部

### 存續期間（Duration）

在介紹票面利率的時候，我曾經提到同年期的兩隻債券，票面利率較高的債券對於市場利率變動的敏感度較低，而上一段內容則提到，年期較長的債券對於市場利率的敏感度較高。如果有兩支債券，一支是票面利率較高的長期債券，而另一支是票面利率較低的短期債券，那又該如何衡量哪一支債券的價格對於市場利率的敏感度較高呢？這就是計算存續期間的用處。

*存續期間是債券價格對於市場利率敏感度的指標*，綜合考量到票面利率、到期年期和付息頻率等因素，可以用在各個債券或債券組合（例如基金）之間做比較。存續期間的計算方式，主要有**麥可雷存續期間**（Macaulay duration）[3] 和**修正存續期間**（Modified duration）[4] 兩種。為了避免本書成為教科書，也為了不讓你憤而焚書，這兩個令人頭痛的公式來源將被放在註釋中。接下來，我們便可以專注地討論存續期間的意義以及如何在實務上運用。

麥克雷存續期間是計算投資人用多少時間可將債券的本金和債息收回，在時間上採取加權平均的算法，所以算出來的數字是以年為單位。麥克雷存續期間可以用來衡量債券價格對於市場利率的敏感度。例如有一支十年期的債券，經過計算後的麥克雷存續期間是8年。由於市場利率和債券價格是反向關係，所以當市場利率上升1%，這隻債券就下跌約8%。

修正存續期間，顧名思義，是對存續期間做修正的算法，並提高準確度來衡量債券價格對於市場利率的敏感度。修正存續期間的計算

方法是將配息次數放入公式中做修正。假設同樣的一支十年期債券，算出的修正存續期間是7.8，就代表市場利率上升1%，這隻債券就下跌7.8%。與麥克雷存續期間相比，修正存續期間可以用來計算非固定配息的債券，因此在應用上更廣，也較常被拿來使用。在實務上，以債券價格對於市場利率的敏感度來說，債券到期年期的長短具有較大的影響，所以檢視單一債券的時候，由於可以清楚知道到期日期，因此比較容易判斷債券價格對於市場利率的敏感度。然而，在評估一籃子債券組合或債券基金時，就必須借重存續期間來做判斷，這也是為什麼在債券基金的資料中，我們常會見到存續期間的原因。

### 通貨膨脹（Inflation）

從直覺來判斷，通貨膨脹上漲對債券價格是不利的。由於大部分的債券是固定配息的，通貨膨脹將侵蝕未來固定利息的購買力，所以對於債券價格產生負面的影響。從另一個角度來看，通貨膨脹對於債券價格的影響也可以透過計算債券價格的公式來解釋。一般來說，當通貨膨脹持續上升的時候，央行為了抑制過高的通貨膨脹，通常會以升息或公開市場操作來應對，此時央行的舉動就會帶動市場利率走高，也就是公式中的r將會提高，因此債券價格就會下跌。

到這裡，以上債券的組成和觀念，是以一般固定配息的債券來分析。為了方便記住各項因素與債券價格以及敏感度的關係，我整理出了以下的圖表（圖1.4和圖1.5）。債券除了為發行人籌措資金外，也提供投資人做投資買賣。在了解債券的基本原理之後，在下一章中仍

然以結構簡單且配息固定的債券為主體,進一步說明債券的操作策略,並探討不可忽視的風險。此外,在體會債券如何連結國家命運、感受悲情之前,我們先穿越時空來買賣債券,享受投資債券賺錢的樂趣。

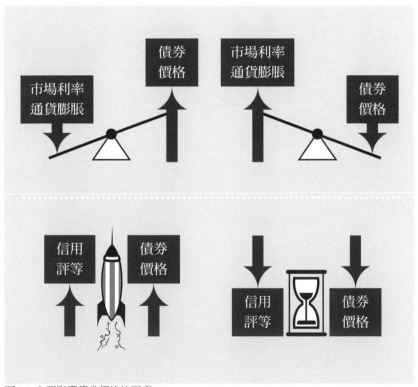

圖1.4 主要影響債券價格的因素

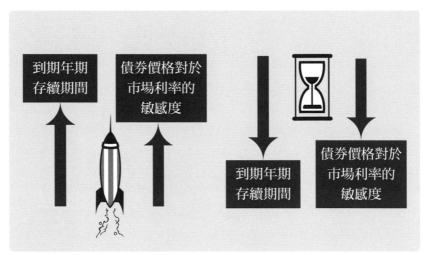

圖 **1.5** 債券價格對於市場利率的敏感度

參考資料（註）：

1. Gert Wehinger, Bank deleveraging, the move from bank to market-based financing, and SME financing, OECD Journal: Financial Market Trends Volume 2012/1

2. 對於long-term和short-term，每個信評公司的定義稍有不同，像是Moody's對short-term的定義是指13個月內，而S&P則是指365天內。參考來源：Moody's網站和Standard & Poor's網站

3. 麥可雷存續期間的公式請參考Macaulay Duration, Wikipedia
   網站：https://en.wikipedia.org/wiki/Bond_duration#Macaulay_duration

4. 修正存續期間的公式請參考Modified Duration, Wikipedia
   網站：https://en.wikipedia.org/wiki/Bond_duration#Modified_duration

Reminiscence
of a Stoc
Operato
& Jess
Livermore
Method
of Tradin
in Stock

> 投資人必須提防很多東西，尤其是自己。
>
> ——著名股市投資者 傑西．李佛摩（*Jesse Lauriston Livermore*）

一般的債券投資人絕對不會想到，這種商品有可能摧毀一個國家，但不可避免地，在汲汲於獲利的過程中，投資人卻不自覺地成為「債券危機」中推波助瀾的一員。當政府和企業在決定發債的時候，往往還要考慮投資人對於債券發行「量」和「價」的需求，否則債券發行過多或者利率不夠吸引人，都會導致發債失敗的後果。雖說央行可以承接政府債券的供給，但如以出乎投資人預期的方式運作，最後仍會透過金融市場的傳導，造成國家的危機。因此，了解投資人如何投資債券，不僅有助於自身的理財投資，更可深入明白政府、央行和企業運用債券操作的決策邏輯。

## ❶ 想賺錢！要怎麼買賣

投資人投資債券可從*初級市場*（primary market）購買，也就是直接認購新發行的債券，或是從*次級市場*（secondary market）購買，也就是在債券發行之後，投資人從交易市場中買賣。基本上，不管票面利率的高低，新發行債券的殖利率會和結構類似而在次級市場流通的債券差不多。

有些投資人則喜歡購買價格在100左右或以下的債券，因為他們「感覺」債券到期還本時比較不會虧損。撇開這種心理因素不談，交易新發行的債券和次級市場的債券還是有些技術上的差別。

在次級市場交易時，可供交易的債券會因為交易量的多寡而影響到買賣價，直接衝擊投資人的投資報酬率。我們再以「賺到翻」公司

為例，當「賺到翻」發行一支債券後，由於在次級市場的交易量不大，導致買賣價的殖利率跟同類型的債券產生落差，若假設買賣價是105和103，而投資人在105的價位買入一段時間後賣出，在債券市場沒有特別波動的時候，賣價可能落在103左右，投資人便會在買賣價中遭受損失。

這時，「賺到翻」因為想要繼續擴張生意，發行了一支與之前到期日相同的債券，而新發債券的殖利率和正常的市場利率貼近，想要投資「賺到翻」債券的人，就會傾向選擇新發行的債券。雖然投資新發行債券可避免以上所述的問題，但是如同認購IPO（首次公開募股）股票一樣，當認購踴躍、產生超額認購時，投資人對於實際上拿到的數量，可能會相當失望，但當認購數量遠不及發行數量時，投資人雖可拿到全部的認購數量，卻也意味著冷清的需求將導致上市後的跌價。在初級市場中，除非與債券承銷商或分銷機構關係良好，否則絕對無法確認自己能夠拿到的數量，因而難以執行適當的買賣策略。所以，在討論如何從債券交易中獲利時，我們將專注在次級市場的操作策略。

在次級市場中，由於債券的發行條件都已訂定，在公式中會影響債券價格的，只有「r」：也就是*折現率*、*殖利率*，或是我們簡稱的*市場利率*。影響r的主要因素則是信用評等和央行的貨幣政策。交易「信用評等」的策略比較容易理解，也就是說，當預期一家公司的債券信用評等將被調升或調降之際，投資人可以先一步買進或賣出該公司的債券，又或者投資人預期信用利差（通常指的是與公債殖利率的

利差）縮小或擴大，將導致債券殖利率減少或增加，便可藉此買賣獲利。

　　另外，談到央行的貨幣政策，由於各國央行在調整利率和實施寬鬆或緊縮的貨幣政策時，都會考量總體的經濟數據，例如就業數據、通貨膨脹和匯率等等，因此我們可以將總體經濟的考量簡化為對於央行貨幣政策的預期，並探討投資人在不同的貨幣政策下，所應採取的債券交易策略。

### 子彈型（Bullet）策略

　　子彈型策略是*將債券投資組合全都集中在同一年期的債券*，以期獲得最大的報酬或控制利率風險。以美金債券的投資為例，當預期美國聯準會將持續降息或實施量化寬鬆貨幣政策時，投資人會想將投資都放在存續期間較長的債券，因為存續期間越長的債券，債券價格對於市場利率的敏感度較高，所以採用子彈型策略，投資人不但能夠獲取較高的殖利率，還可以賺到較大的價差。相反地，如果預期聯準會將持續升息或實施緊縮的貨幣政策時，為了保守起見，投資人還是會想採用子彈型的投資策略，也就是將投資都放在存續期間較短的債券，一方面避免債券價格大幅下跌，另一方面，集中投資在短期債券，可以在短時間內拿回到期本金，並在升息階段，持續地將資金投到殖利率較高的債券。

## 啞鈴型（Barbell）策略

雖說子彈型策略可以獲得最大的收益或降低利率風險，但前提是在執行這項策略時，要能準確地預測市場利率的走向。然而，在這個不確定的時代中，要「準確」預測利率的走向，別說專業人士無法做到，就連各國央行自己都說不準。因此，為了滿足投資人貪婪又恐懼的需求，啞鈴型策略就應運而生。

啞鈴型策略是*將一部份資金放在存續期間較短的債券，另一部份資金放在存續期間較長的債券*。在這樣的配置下，雖然殖利率會低於將錢都放在存續期間較長的債券，但會好過把錢都放在存續期間較短的債券。當聯準會降息或實施量化寬鬆的貨幣政策時，投資人可以從存續期間較長的債券獲得高報酬，而當聯準會升息或緊縮貨幣政策時，存續期間較短的債券則提供價格波動上的保護，以及短期內再投資的潛在機會。

## 階梯型（Ladder）策略

對於大部分投資債券的人來說，投資債券的出發點是希望獲得穩定的獲利，而不願承受太大的波動風險。如果你也抱持著相同的想法，那麼階梯型策略就相當適合你。

階梯型策略是*將資金投到不同年期的債券，在市場利率上升時，債券組合的殖利率可以隨著逐漸攀升；在市場利率下跌時，債券組合的殖利率就會隨著減少*。這樣隨著市場利率升降的做法，就好像爬樓梯似的，因此稱作階梯型策略。舉例來說，投資人可以將資金投資在一年

期、三年期和五年期的債券。當一年過後，一年期的債券到期，而原本三年和五年的債券就變成兩年和四年到期。此時，再將到期的資金投入六年期的債券，這樣新的債券組合就變成由兩年期、四年期和六年期的債券所組成。如此周而復始地操作，就可確保債券組合的殖利率跟得上市場利率的走勢。不管在升息或降息、資金寬鬆或緊縮的環境，投資人都可以獲得比一般定存更好的利率，而且在每一、兩年就有債券到期的情況下，債券組合的變現性會較好，價格的波動也不至於太大。

　　以上為債券的主要投資策略，雖然實際上還有各種不同的策略，但只要能好好領會上述的要訣，相信這幾招就足以行走在債券市場的「江湖」之中。然而，「江湖」畢竟凶險，並不是每個人在掉落山崖後，都可以習得不世絕學，或是尋到「小龍女」。大部分不慎掉落的人，都會「粉身碎骨」。因此，投資債券除了著眼於獲利外，更要關注債券的風險。

## ❶小心！風險可不小

　　除了市場利率對於債券價格造成的波動之外，投資人更應該了解「債券發行人的信用風險」，因為利率風險只是影響價格，而信用風險卻會導致投資人血本無歸。

　　信評機構的評等就可做為一項參考指標，但最好別把他們的評等視為唯一的指標。對於「雷曼兄弟」破產，引發金融海嘯的事件，大

部分人應該還記憶猶新吧！在雷曼兄弟申請破產之前，三大信評機構都給予雷曼兄弟至少為 A 的信用評等 [1]。這樣的結果跟信評的過程有很大的關係，而當時政府也沒有盡到監督的責任。在發行人發行債券的時候，如果想要獲得信評機構的評等，就需要付費給信評機構，而這項費用則是信評機構的主要收入來源 [2]。是的，你沒有看錯，信評過程就是如此！這就好像參加選美，除了花枝招展、談吐得宜之外，還要花錢來取得名次的感覺一樣。講到這裡，順便提及一個有趣的現象，如果你有在關注中國公司在香港發行的債券（稱作點心債），應該會看到不少債券沒有三大信評機構的評等 [3]，或者只有其中一家的評等。這或許不是中國的發行人太過小氣，不願付費，而是他們自信不需評等也能募到資金。

當信用評等只能當作參考指標之一的時候，那麼還有哪些指標值得信賴呢？如果你對財務報表不陌生，最好多研究債券發行人的財務槓桿（例如股東權益佔總資產的比率、負債佔股東權益的比率）、流動比率（流動資產除以流動負債）和利息覆蓋率（稅息折舊及攤銷前的利潤可以支付利息支出的比率）等財務指標。當然，一般人看到這些財務數字時，不免有股「就算賠錢也不想頭痛」的衝動。但千萬別真的跟錢過不去，至少每季財報公布的時候，也可以看看簡單的新聞稿，關心一下發行人的財務狀況。

另外，還有一個比較簡單的方法，就是注意*所持有債券的殖利率，是否和其他類似的債券差不多*。如果手中債券的殖利率有明顯較高的情形時，那便是發行人出問題的一大警訊。最後，就算懶得研究以

上所述的要點，也該充分了解自己所買債券的結構。這裡所指的債券
結構，不是信用評等、票面利率、年期和價格的組成，而是指 *債券的*
*受償順位*。債券的受償順位代表發行人面臨財困，導致公司發生違約
或破產時，債券持有人受償的順序。圖2.1為簡單的「資本結構圖」，
可以幫助我們了解所投資的債券。

　　以吸收損失的順序來看，當公司出現虧損時，股東首當其衝，不
僅影響股票配息與否，更影響股價，而持有混合資本債券的投資人，
可能會面臨債轉股的情況。如果虧損更加嚴重時，將會陸續威脅到次
順位債券、優先無擔保債券和優先擔保債券的本金。當公司進入破產
清算的程序後，受償的順序就從優先擔保債券的持有人開始，然後一

圖2.1 債券的資本結構圖

直算到股東。然而，***假使清算後的資產只夠支付優先擔保債券和優先無擔保債券的持有人，後面順位的持有人就沒得拿了***。所以，持有同樣一家公司債券的投資人可能會面臨不同的狀況，在公司出現危機後，有的人手中的債券居然變成股票了，有人毫髮無傷，有人卻血本無歸。發生這種結果時，投資人可能會相當困惑，但歸咎原因就會發現，投資人在當初投資的時候，根本不了解自己所買債券的順位。其實要判斷債券的受償順位並不困難，除了可以上網或向金融機構查詢之外，還可以從債券的信用評等看出端倪。例如同樣是花旗集團的債券，以穆迪的信用評等來說，就有Baa1（優先順位債券）和Baa3（次順位債券）的不同 [4]。

　　債券的風險不僅在於利率和信用評等的風險，最重要的是投資人「不去了解」的風險。投資人要明白的是，債券的最大風險為「賺的是利息錢，賠的卻是本金」。雖說有時也能夠賺到可觀的資本利得，但那是可遇而不可求。因此我奉勸要買賣債券的投資人，千萬要多做點功課，尤其在這個債券日益增多且複雜的時代。

　　在看完以上債券的基本原理和投資策略後，你應該有股想要實際操作的衝動吧！為了不讓本書太過訴諸於悲情，在觀看債券如何影響國家命運之前，我們先來體驗一趟賺錢的時空之旅。經過一番評估後，我選定了2009年3月16日這一天做為穿越時空的起點……。

## ❶ 走吧！穿越時空做債券

2009年3月16日這天，是個什麼日子呢？

這是雷曼兄弟在2008年9月破產引發金融海嘯後滿六個月，在這個時間點之後，美國逐漸脫離經濟衰退（recession），而債券市場即將展開多年的大多頭。

圖2.2為美銀美林的「美國公司債券總報酬指數」（BofA Merrill Lynch US Corporate Master Total Return Index），該指數追蹤美國公司債券的總表現（包含價格的變化和利息），而指數中的債券皆為投資等級。

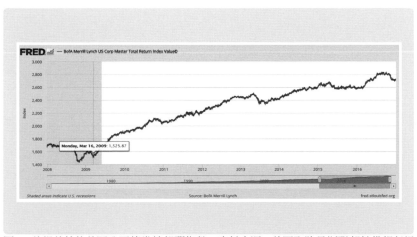

**圖2.2** 美銀美林的美國公司債券總報酬指數。資料來源：美國聖路易斯聯邦儲備銀行經濟資料庫

這時，我們看了一下手邊這份從未來帶來的資料，數據顯示美國聯準會將「聯邦基金利率」(Federal Funds Rate)從2007年9月的5.25%逐漸調降到2008年12月的0~0.25%。接下來，聯準會在2008年11月宣布第一輪的「量化寬鬆貨幣政策」(QE1)，在2010年11月再加碼QE2，最後在2012年9月宣布QE3 [5]。看到降息後，聯準會又接連實施大規模的量化寬鬆貨幣政策，因此預期市場利率必定大幅下跌。身在2009年的我們應該感到血脈賁張，迫不及待把身上所有的錢「梭哈」，採取子彈型策略，將投資全押在存續期間最長的債券，然後再抵押借錢買債，而所得獲利將會讓我們一直笑到2013年6月。

2013年6月，也是時任聯準會主席柏南奇(Ben Bernanke)點出了QE退場的時間。錢就算賺得再多，往往還是覺得不夠，因此這時你可能會想：*既然2007年9月就開始降息，為什麼我們不回到那個時間點呢？*

之所以不回到2007年9月，是因為那一年的經濟開始轉壞，聯準會以降息來因應，但降息仍然無法阻止雷曼兄弟的破產。在這段期間內，投資人擔心公司倒閉或債券違約，因此債券價格下跌。*與降息的效應相比，信用危機對於債券價格的影響來得更大*。從圖2.2中可以看出，2008年公司債券指數的表現相當地差勁。之後，在美國政府大力救市的情況下，投資人便忽略倒債的可能性，於是債券的價格和報酬率開始回升。

為了滿足你想要獲利更多的渴望，我決定帶你重新穿越時空，再次回到2009年3月16日。如果你回想起我曾講述有關信用評等的內

容，應該就會明白為何我們又要回到同一個時間點。是的，你想得沒
錯！既然2009年3月後，信用危機減緩，我們就應該把錢全押在非投
資等級的債券，也就是高收益債券。在市場因政府救市而穩定後，高
收益債券的價格不但受益於市場利率的下跌，也得益於信用評等穩定
或調升的好處。圖2.3是美銀美林的「美國高收益債券指數」（BofA
Merrill Lynch US High Yield Total Return Index），這項指數追蹤美國高
收益債券的總表現，而指數中的債券信用評等皆在投資等級以下。依
據圖表的數據計算，2009年3月16日到2013年的5月底，美國高收益
債券指數從440.24漲到992.41，投資報酬率至少為225%。同一期間，
如果投資的是投資等級的債券，指數則是由1,525.87漲到2,435.61，
報酬率只有160%左右。當然，我還是要提醒一下有關投資的風險，

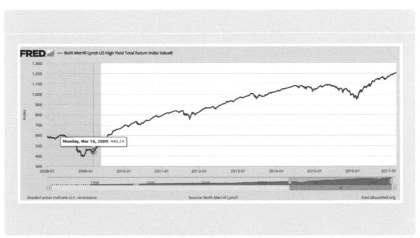

圖2.3 美銀美林的美國高收益債券指數。資料來源：美國聖路易斯聯邦儲備銀行經濟資
料庫

**高收益債券在金融危機時，表現會比投資等級的債券更差**。2008年，高收益債券指數下跌約26%，而投資等級的債券指數只下跌約7%。

在降息期間，操作債券可以輕鬆獲利，但如果未來美國持續升息，又該如何交易債券呢？我們再次複習一下之前所學的，當債券的存續期間較長時，債券價格對於市場利率的敏感度較高，反之就會較低，而債券的價格和市場利率則是呈現相反走勢。所以，因應升息，尤其是快速地升息，就該投資存續期間較短的債券，通常也就是到期年期較短的債券。

我再次從美國聖路易斯聯邦儲備銀行經濟資料庫搜尋資料，並找到了一個「短期債券指數」（BofA Merrill Lynch US Corp 1-3yr Total Return Index）和一個「長期債券指數」（BofA Merrill Lynch US Corp 15yr+ Total Return Index）。接下來，以2005年聯準會連續調升八次利率的例子來看，我們選取2005年2月9日到11月4日這段波動較大的期間來比較指數，長債指數下跌了約5%（見圖2.4），而短債指數則上漲了約1%（見圖2.5），因此在升息階段比較適合做短債的投資。補充說明一點，由於這兩項指數是計算債券的總報酬，也就是包含債券價格的變化和債券利息，因此以短債指數來說，雖然升息會造成債券價格下跌，但在加計利息之後，債券總報酬還是有可能為正數。

一般說來，降息期間適合長債投資，升息期間則適合短債投資。然而，面對息率走勢多變的環境，我們唯一可以確定的就是「未來將充滿不確定性」。就像在2015年12月，聯準會在七年來首次升息一次後，讓市場預期2016年將會升息四次，但最後卻只在2016年12月

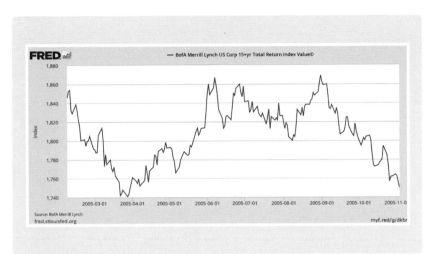

圖2.4 美銀美林的美國長期公司債券指數。資料來源：美國聖路易斯聯邦儲備銀行經濟
　　資料庫

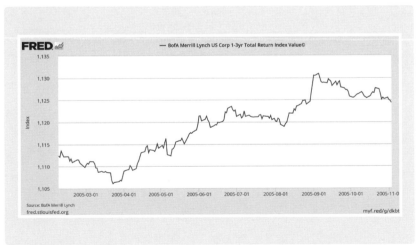

圖2.5 美銀美林的美國短期公司債券指數。資料來源：美國聖路易斯聯邦儲備銀行經濟
　　資料庫

升息一次。在聯準會對於利率要升不升、猶豫不決的情況下，投資人就該放棄將資金全部押在短債，而應採取啞鈴型或階梯型策略。

　　熟悉債券的基本原理，並利用歷史事件多加演練，將有助於了解債券以及面對財經局勢的轉變。這好比大廚經常做菜，就算客人絡繹不絕，大廚都可以在熟練的廚藝下，從容應對。然而，大環境總是充滿著變數，不時出現黑天鵝攪局。此外，債券的結構也日益複雜，讓人光從外表分不清風險所在。這就像個大廚做菜時，屋內嬰兒突然滾下床，接著老婆怒吼，沒過多久，丈母娘也打電話來嘮叨。最慘的是，電視裡還突發播出自己和小三上摩鐵被拍的新聞。此時，就算那位大廚功力再深厚、不理俗務，仍然專心料理，但當發現食材從原本訂的一組和牛肉，變成「組合牛肉」之際，我相信再冷靜的大廚都會理智斷線吧！

　　2016年以來的債券市場，就如同上述的例子一樣，已經不再是美好而單純了，殖利率持續走低，甚至還出現負利率，讓投資人只好轉向風險更高的債券，但偏偏這些債券複雜難懂，再加上經濟的不確定性以及政治力的介入，可能會讓投資人誤以為買到的是「和牛」等級的債券，等到出事的時候，才會赫然發現原來是「組合牛」。

　　為了避免上述的信用風險，有些投資人偏好投資政府債券，並認為政府不會倒、投資政府債券沒有風險。我實在很擔心種種對於債券的誤解瀰漫於市場之中，因此想帶你體驗各種債券的風險。在這場過程中，我也會設法改變《星際大戰》裡韓蘇洛的命運（當然，這是假設本書出版後，這系列電影的最新一集不會找到方法讓韓蘇洛死而復

生的話……）。

　　另外，我還想透過真實的事件，跟你一起感受濫用債券對於國家所造成的威脅。當然，更重要的，本書最後幾章我們還要針對時局，構思解決之道，避免債券危及國家的命運！

參考資料（註）：

1. Credit Rating Agency Analysts Covering AIG, Lehman Brothers Never Disciplined, The Huffington Post, 30 Nov 2009

2. 施敏雄, 美國三大信用評等公司的改革方向, 當代財政第028期, 2013年4月

3. 李存修＆陳姿利, 點心債券和中國公司債券信用價差的影響因素, 兩岸金融季刊第一卷第一期, 2013年9月

4. 花旗集團網站, credit rating as of 5 January, 2016

5. History of Federal Open Market Committee actions, Wikipedia

# PART 2
## 債券、市場
## 與國家級危機之謎

> 債務是一種非常古老的泥沼。

——美國作家 亨利‧大衛‧梭羅（*Henry David Thoreau*）

當一個人欠債，通常就會努力賺錢和節省開支來還債。但在一段時間過後，他如果仍無法還錢，就可能會在住屋外發現牆壁被潑油漆，上面寫著醜醜的四個大字「欠債還錢」。

如果我們把欠債的個人換成是一間「公司」，那一間公司發生財困、無法籌資的時候，會先申請破產保護，以圖東山再起。如果情況繼續惡化，就可能被「債權人」要求它清算資產來索償。最後，我們再把這間公司換成一個國家。試想，當國家發生債務危機時，又該如何處理呢？債權人總不能去政府機構外牆潑漆或清算該國的資產吧！既然如此，**當國家破產、政府債券違約，這是一個什麼樣的概念？而政府債券的持有人又將面臨什麼樣的處境呢？**

在探討國家的案例前，我們先從美國一個叫「橘郡」（Orange County）的地方談起，先研究相對較小的行政區域，就比較容易了解政府處理破產或債務違約時的面貌。橘郡是美國加州南部一個富裕的郡。郡是州以下的行政區域，包含數個城市。1994年，當時橘郡的財務長史特龍（Robert Citron）操作該郡內的投資資產約76億美金，他以此資產為抵押借入約130億來投資衍生性金融商品、反浮動利率債券 [1] 和長期債券。

然而，不幸的事情發生了！美國聯準會在1994年持續升息，而史特龍仍然繼續買進相關投資，並相信利率走勢將會反轉，結果橘郡虧損了16.4億。在橘郡無法順利賣出所持有的部位時，債權人威脅要沒收抵押品，而當有一家銀行真的採取這項行動後，橘郡便在1994年12月6日宣布破產，用意是要阻止其他金融機構跟進。橘郡雖然阻

止了金融機構進一步的行動，但宣告破產之後，也讓76億的資產全被凍結。由於這筆76億的資產來自郡內各城市、學校和公共事業體的投資，資產凍結將使這些機構面臨財務窘境，影響郡內民眾所該享有的福利與服務。

為了避免政府停擺，橘郡組織了危機處理小組，建立機制提供郡內機構在緊急需要時，可以申請動用資金。同時為了平衡預算，橘郡開始大幅裁員和削減預算。然而，處理過程緩不濟急，一筆過去發行的10億美金債券眼看就要到期，而橘郡在破產的情勢下，將難以再發債來償還到期本金。

1995年3月，一項增加銷售稅的計畫被提了出來，但隨即在6月被投票否決。8月時，橘郡又提出另一項計畫，主要內容為橘郡政府可以挪用郡內機構的資金來還債、市級政府等到橘郡對於金融機構的官司勝訴後才拿回投資金額、以及橘郡再發債8.8億用以償還舊債和支付破產相關費用等。在加州的立法機構和行政部門同意後，1996年6月，橘郡成功發行了8.8億的債券，同時也脫離了18個月的破產之旅。[2]

橘郡的破產事件是個不幸例子，但也是個幸運的例子。不幸的是，橘郡任用了一位不適任的財務長，並讓他專斷獨行；而幸運的是，橘郡是個富裕的郡，投資人相信橘郡的復甦計畫以及償債能力，因此認購了新發行的債券，拯救橘郡的命運。

***投資人購買政府債券的邏輯是，政府以國家的信用、資產和未來的收入為抵押來發行債券，而投資人則相信政府有能力還債或以債養債。***像橘

郡發行的債券屬於「市政債券」（municipal bond），而以國家層級來發的債券則屬於「主權債券」（sovereign bond）[3]。以橘郡的例子來看，當遇到債務危機的時候，地方政府可以求助於上級政府，但當上級政府拒絕施以援手時，地方政府必須開源節流，並提出令債券投資人滿意的計畫，才有可能再從資本市場中發債籌資。

　　然而，如果發生債務危機的主體是國家本身時，政府又該如何處理呢？不少購買主權債券的投資人有一種迷思，他們認為只要自己投資的國家沒從地圖上消失，投資主權債券就沒有損失的風險——然而，實情真是這樣嗎？解釋得再多，我們不如一起回到1998年的俄羅斯，實地經歷那場倒債風波吧。

## ❶ 倒債！1998年俄羅斯金融危機

　　來到1998年年初的俄羅斯首都莫斯科，你會發現酒館內大部分的俄羅斯人雖然口中喝著伏特加，卻不像在飲酒作樂，反而像在借酒澆愁。

　　在1997年，俄羅斯的經濟成長率是0.8%，這是「蘇聯解體」後的第六個年頭，也是經濟邁向穩定的轉折點。除此之外，這一年還是俄羅斯在國際上談判蘇聯舊債、取得初步成果的一年，分析師紛紛預測俄羅斯的國家信用評等將被調升，發債成本將會降低。接著，限制非居民買賣俄羅斯公債的禁令解除，促使國外資金湧入俄羅斯，但資金卻只是集中在短期資本投資。在1997年年底前，俄羅斯的短期國庫

券就已經有30%為非居民所投資，銀行也開始積極增加外債。然而，經濟上的亮點並沒有反映在一般人民的生活之上，實質薪資持續下降，而且大約只有40%的勞動人口能夠準時收到全額薪資。

另外，財政惡化也是當時俄羅斯政府的隱憂，而部分原因是源自於較低的收稅率。當時的稅制沒有清楚劃分，大部分的稅收是由聯邦政府和地方政府一起分享，但過程中卻產生了相互競爭的效應。也就是說，這樣的稅制提供誘因給地方政府，幫助企業逃避聯邦政府的稅收，以換取企業「孝敬」地方政府，結果便使得聯邦政府稅收逐漸減少，導致財政赤字日趨嚴重。

為了改革稅法和穩定投資環境，1998年2月，俄羅斯政府將新的稅法方案送交「杜馬」（State Duma，相當於國家的下議院）。雖然方案獲得通過，但是部分有關增加聯邦政府收入的條文卻被忽略。同時，俄羅斯政府在尋求國際貨幣基金組織（International Monetary Fund，簡稱IMF）的資金時，也沒有跟IMF達成協議。之後，俄羅斯的經濟出現震盪，時任總統葉爾辛（Boris Yeltsin）開革了總理切爾諾梅爾金（Viktor Chernomyrdin），並提名年僅三十五歲的基里延科（Sergey Kiriyenko）為新任總理，杜馬與葉爾辛的關係由此變得緊張，俄羅斯政壇也更加動盪不安，同時觸動了投資人的敏感神經。

正所謂「福無雙至，禍不單行」，在這段期間前後，俄羅斯的「禍」接二連三，不斷地爆發。1997年的「亞洲金融風暴」，不少國家遭受炒家狙擊本國貨幣，而俄羅斯也沒有幸免於難。1997年11月，俄羅斯央行以60億美金的外匯存底捍衛貨幣「盧布」（Ruble）。1998

年4月，就在基里延科被提名以及俄羅斯政府持續尋求IMF的資金援助後，盧布又受到了狙擊。5月稍早，俄羅斯央行行長杜賓寧（Sergey Dubinin）警告，俄羅斯在未來三年內將面臨債務危機，媒體則把這項警告解讀為央行正在思考盧布的貶值。更慘的是，年輕的新任總理基里延科在一個訪談中提到，俄羅斯政府的收入短缺26%，而他想和媒體說的是，政府正在計畫削減支出和增加收入，但報導卻將焦點放在他所說的一句話「政府現在很窮！」

聽完這兩位首長的發言，實在會讓人忍不住手癢，動手去放空盧布。為了抵禦貨幣狙擊，俄羅斯央行在5月19日將借款利率從30%提高到50%，並再用10億美元的外匯存底捍衛盧布。然而，俄羅斯賴以為生的油價又從每桶23美元跌到每桶11美元，盧布的匯率更是雪上加霜。此時，政府公債的殖利率普遍超過50%，但發行的新債仍然乏人問津。在這種情形下，IMF還是沒跟俄羅斯政府達成紓困的協議，於是俄羅斯央行再將借款利率拉高到150%，希望以高利率留住資金。

從這個時候開始，俄羅斯更加積極尋求西方的援助。1998年6月時，俄羅斯央行又蒸發了50億美金的外匯存底。7月20日，IMF終於意識到事情的嚴重性，緊急地批准了金額達112億美元的援助方案，並立即撥付其中的48億。但這48億就如同打水漂一樣，在水上泛起幾圈漣漪後，就隨即消失不見。從5月到8月間，投資人感受到危機逼近，俄羅斯「資本外逃」的金額約為40億美元，而油價的下跌也讓政府短收40億美元左右。

8月13日，山雨欲來風滿樓，或者說「山雨」已將樓頂掀翻了一大片。這一天，投資人在恐懼的情緒感染下，俄羅斯股債匯市接連崩跌，以盧布計價的公債殖利率狂飆到200%以上。8月17日，俄羅斯政府放棄捍衛盧布，讓盧布匯價浮動貶值，同時停止支付盧布計價的債券，並且宣布銀行的到期外債延期90天償還，一場倒債噩夢正式降臨在真實世界之中！[4]

　　遭受政經局勢的大幅震盪，1998年俄羅斯的國內生產毛額（gross domestic product，GDP）下跌4.9%。接著像是奇蹟發生一般，1999年後的GDP成長開始飆升，主要的原因是盧布貶值增強進口替代的效應，一方面俄羅斯國內產品的消費增加，另一方面貿易收支帳也獲得改善，而隨後油價的回升、財政和貨幣政策的推動，也同時支撐住了經濟。

　　哇，這又是個幸運的例子！你的心裡可能正在這麼想。但如果你見到當時債券投資人的虧損時，恐怕你會看傻了眼！*投資主權債券最可怕的一點就是，你知道國家不會倒，但不知道債務可以重整和減記，而且如果債權人逼人太甚，還亂「潑漆」的話，欠債國家的態度可能會從「低聲下氣」轉變為「玉石俱焚」，把世界搞得天翻地覆*，這亦可由德國引發二次大戰的例子就可明白。從IMF的一份報告中可以看出[5]：在俄羅斯倒債、停止支付盧布計價的債券後，持有短期國庫券（GKO）和長期債券（OFZ）的投資人為了減少損失，便同意以50%的折現率來計算未來的債券支付。如果你回想起我們在第一章中提到的債券價格公式，並以如此高的折現率來做計算，可以想見，這些調整後的債

券價格必定慘不忍睹。

更慘的不止如此，以 GKO 的投資人為例，原本所持有的債券會被換成 3.33% 面額（調整後的面額）的現金、3.33% 的三個月 GKO、3.33% 的六個月 GKO、20% 為被折算成現金價值的 OFZ（還得拿來支付稅款或購買俄羅斯銀行的股票），以及 70% 的新發 OFZ（到期日由三年至五年）。天啊！這就像要喝伏特加，結果最後居然送來調酒，而且還是極為難喝的調酒！以折現後的現值來看，GKO 的投資人至少損失 41~55%，這還是以換到「調酒」中最短期的 OFZ 來算。如果以換到最長期的 OFZ 來算，損失還會再加多 9% 左右。[6]

我希望回顧這場俄羅斯的倒債事件可以破除一般人對於主權債券的迷思。1998 年俄羅斯的金融危機不能完全歸罪於債券的濫發。俄羅斯繼承了蘇聯時期的債務，並承受共產主義走向現代化的轉型之痛，才是激發這場風暴的結構性因素。但是接下來要談的歐洲主權債務危機，就不能不責怪主事者過分倚賴債券了！

## ❶鬆散聯盟？歐洲主權債務危機

2016 年 6 月 24 日，「英國脫歐」公投的結果出爐，脫歐派以 51.89% 對上留歐派的 48.11%，英國將要退出歐盟！這則令人意外的消息在當天引發全球金融市場的震盪。「脫歐」的主要原因之一，源自於歐盟對於會員國的約束，甚至不少規定已經內化成國內的法律，深入影響各國民眾的生活與商業運作。

舉個有趣的例子來說明吧。歐盟規定會員國不能賣「太彎」的香蕉 [7]。鉅細靡遺的規定讓歐盟國家更加緊密地結合在一起，但無法因地制宜的變通，不免引發部分民眾的反感。雖說歐盟看似為一個緊密的政治和經濟聯盟，但事實上卻是一個結構上「該鬆不鬆」、「該緊不緊」的畸形怪物。

　　2016年時，歐盟已有28個會員國，其中19國使用統一的歐元——也就是說，大多數的歐盟國家已經成為「貨幣聯盟」。之所以說這樣的結構是「該緊不緊」，主要是因為歐元區欠缺財政聯盟，甚至在2010年歐洲主權債務危機爆發前，銀行聯盟也沒有成形。各國基於主權的考量，不願將財政權和銀行監管權交出，只願意將貨幣政策交給歐洲央行（European Central Bank，簡稱ECB）。回顧2008年金融海嘯發生後，美國幾乎同時祭出貨幣政策和財政政策，聯準會也以銀行監管機構的身分，積極介入銀行的運作，因此迅速穩住局勢。反觀歐洲主權債務危機發生後，在缺乏統一的財政和銀行監管之下，僅靠歐洲央行就想力挽狂瀾，可以想像困難度有多麼地高啊！

　　由於歐盟無法直接介入會員國的財政，為了讓貨幣聯盟持續運作和擴大，因此制定了《穩定與增長協定》（Stability and Growth Pact），內容規定會員國的財政赤字不得超過GDP百分之三以及債務水準不得超過GDP百分之六十。***貨幣政策和財政政策像是一個國家的雙腳，當遇到危機時，通常要雙腳並用才能脫離險境***。然而，歐元區的設計就像一隻腳被打斷後，裝上遙控義肢一樣。「義肢」在歐洲央行統一操控的情況下，會員國遇到危機時，只好用另一腳奮力奔跑，但無奈受到

穩定與增長協定的約束，唯一能跑的腳又被一條繩索綁住。為了活命，會員國只好掙脫束縛，違反財政與債務上的規定。這樣的聯盟在設計之初，如果是因為政治上的阻力而不能健全組織的話，也應該嚴格審核會員國的資格，以及建立機制來動態介入。歐元區各國的經濟及財政狀況截然不同，令歐洲央行的貨幣政策無法滿足各自的需要，埋下債務危機爆發的引信。

　　除此之外，歐元區的設計還有另一個結構上的問題，這項問題呈現在「經常帳」（current account）上 [8]。歐洲經濟的「前段班」如德、法兩國在經常帳的收支較能平衡，甚至產生順差，而「後段班」如「歐豬五國」（PIIGS）[9] 則呈塊逆差擴大（見表3.1）。

### Current Account Balances
*(percent of GDP)*

|  | 1993–1997 | 1998–2002 | 2003–2007 | 2008–2011 |
|---|---|---|---|---|
| Greece | −2.0 | −5.9 | −9.1 | −11.1 |
| Ireland | 3.4 | −0.2 | −2.6 | −1.6 |
| Italy | 2.1 | 0.2 | −1.8 | −2.9 |
| Portugal | −2.4 | −9.0 | −9.2 | −10.5 |
| Spain | −0.6 | −3.1 | −7.0 | −5.8 |
| France | 1.1 | 2.0 | −0.2 | −1.9 |
| Germany | −0.9 | −0.3 | 5.1 | 5.7 |

*Source:* International Monetary Fund's World Economic Outlook database.

表3.1 經常帳佔GDP比率。資料來源：Journal of Economic Perspectives, Summer 2012

為了平衡國際收支帳，資金由「前段班」借給「後段班」來支撐逆差。「後段班」以借款或發債的形式借入資金後，沒有將資金導入長期資本的投資，卻放任短期的消費和信貸，令國家只產生了暫時性的榮景。像是愛爾蘭和西班牙，信貸管控過於寬鬆，導致房市泡沫破裂後，銀行產生大量壞帳，放貸能力因此受限，政府為了維護金融體系的穩定和流動性，只好發債籌資救市。而希臘、義大利和葡萄牙則是沒有掌握金融海嘯前的榮景，將收入用於改善財政和債務水準，結果在2008年後，經濟放緩、稅收頓減，但支出卻難以同步下調，所以

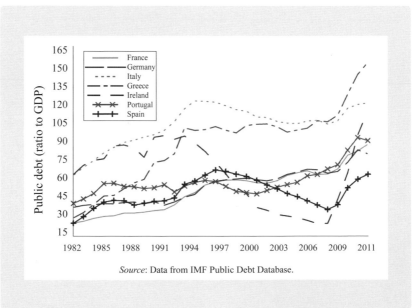

*Source*: Data from IMF Public Debt Database.

圖**3.1** 各國政府債務佔GDP比率。資料來源：Journal of Economic Perspectives, Summer 2012

只好狂發主權債券來穩定局勢，導致政府債務佔GDP的比率直衝雲霄（見圖3.1）。

這些「後段班」國家的債券發行量大增還有另一項因素，就是發債成本不高。我們曾提過，發行人在決定新發債券的殖利率時，會以同年期的參考指標再加上一個數字，這個數字反映了發行人的信用評等。以2001年加入歐元區的希臘為例，在2009年之前的希臘公債殖利率（見圖3.2虛線）幾乎與歐元區公債殖利率（圖3.2實線）重疊，這便說明了希臘的公債殖利率並沒有被加上一個合理的數字，原因是信

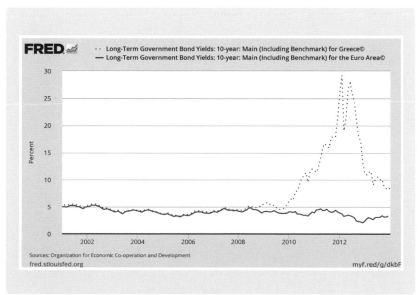

**圖3.2** 希臘與歐元區10年期公債殖利率。資料來源：美國聖路易斯聯邦儲備銀行經濟資料庫

評機構給予錯誤的信用評等，而投資人便誤認為希臘公債和歐元區其他國家的風險相同，這些都是日後爆發希臘債務危機的主要因素。另外，這張圖同時傳達希臘在加入歐元區之後，竟然可以在高負債的情況下，還能持續以低息發債，無怪乎希臘政府沒有誘因和壓力來降低債務水準。歐元區「前段班」也享受著希臘借錢而拉動貿易的好處，對於希臘債務採取消極的態度。

2009年10月後，新上任的希臘政府宣布當年度的財政預測，數字從約6%的赤字（佔GDP的比率）變成12.7%，從而引爆希臘主權債務危機，信用評等在2010年4月被降為垃圾等級 [10]，債券殖利率在2011年達到25%左右。

希臘的債務危機點燃了投資人對於歐洲主權債券的憂慮，尤其「後段班」的國家在發債上遇到困難，而殖利率的上升也拉高了利息支出，更加深了市場的不安，這種惡性循環將歐洲主權債務危機推向最高點。

歐盟、歐洲央行和IMF三巨頭（the European troika）在此時聯手救市，透過機制提供資金給需要的「後段班」國家，同時要求「後段班」國家遵守財政撙節措施和結構性改革。這兩項要求等於是要加稅、削減政府支出和民眾福利，並在各個層面產生巨變，不少「後段班」國家的人民上街激烈抗議。第一輪對於希臘的援助，沒有要求希臘主權債券的私人投資者承受損失，但在2012年3月展開對希臘第二輪的援助時，就要求私人投資者接受債券折現值約50%的損失 [11]。

我們難以否定當時救市的必要性，因為**穩定市場信心、提供流動**

**性，才能避免國家和銀行體系崩潰**。然而，無止境的救市措施與結構性改革是相互矛盾的，就像個成績不好的學生，卻被放在以學業為導向的學校，老師非但不讓他痛定思痛，努力唸書，反而在考試中疏於監考，甚至還故意把答案掉在他的桌上。

就算歐洲領導人無法回到過去，阻止不該加入歐元區的國家加入，但至少可以專注於債務規模的削減，以防主權債務危機再次降臨。可惜「借錢容易、還錢難」，根據歐洲央行的資料顯示，從2009年底以來，歐元區19國的政府債務佔GDP的比率由78%升到2015年年底的91%左右。最令人感到失望的是，2015年3月歐洲央行行長德拉吉（Mario Draghi）啟動了難以回頭的量化寬鬆貨幣政策，每月購買600億歐元的債券。到了2016年3月，歐洲央行宣布提高購債規模到每月800億歐元。量化寬鬆的貨幣政策不僅加深「減債」的難度，更使得債券殖利率遭到扭曲，失去價格示警的功能。以義大利為例，在「英國脫歐」公投之後，媒體報導義大利銀行的壞帳高達17%，恐將醞釀出下一場金融風暴 [12]。一般來說，銀行所造成的系統性危機，最後總是由政府來買單。

然而，根據經濟合作暨發展組織（Organisation for Economic Co-operation and Development，簡稱OECD）的資料，義大利十年期公債於2016年7月底的殖利率為1.23%，仍然維持在較低的水準，沒有實際反映出倒債的風險，這必然和三巨頭捍衛主權債券的決心有關。看似無止境的量化寬鬆貨幣政策，正為歐洲債券規模的累積和價格的扭曲鋪上一條「康莊大道」。說到這裡，你應該會感到好奇，「量化寬

鬆」這個火紅的名詞到底是什麼意思？為什麼又和債券產生密不可分的關係呢？

## ❶ 量化寬鬆！只有美國夠資格

2008年金融海嘯發生後，美國聯準會總共實施了三輪的「量化寬鬆」（quantitative easing，簡稱QE）貨幣政策 [13]。*QE是一種「非常規」的貨幣政策，以美國而言，主要是透過購買美國公債、政府機構債和抵押債券的過程來增加貨幣供給，刺激信貸和經濟復甦*。之所以稱作「非常規」的貨幣政策，是因為聯準會在傳統上以調控利率和透過公開市場操作來實施貨幣政策，利用短期利率的變動來影響市場利率，達到設定的通膨目標和就業水準。然而，傳統的貨幣政策無法處理資產泡沫的形成 [14]。在金融海嘯、資產泡沫破裂之後，聯準會將利率降到接近零的水準，仍舊無法拯救經濟和解決流動性不足的問題，而企圖以短期利率影響市場利率的效果也大打折扣。「非常時期，要用非常手段」，QE因此被端上檯面。

既然是「非常規」的貨幣政策，就該要有退場的時間，讓一切運作回到「常規」。2013年6月19日，當時的聯準會主席柏南奇提出QE的退場規劃，他希望在2014年結束QE的買債計畫，並建議在通膨達到2%以上或失業率降到6.5%以下時，聯準會可以考慮開始升息。在2014年，聯準會果然逐步削減每月的購債規模，放緩總資產的擴張，並於同年10月29日宣布結束QE的貨幣政策，接著在2015

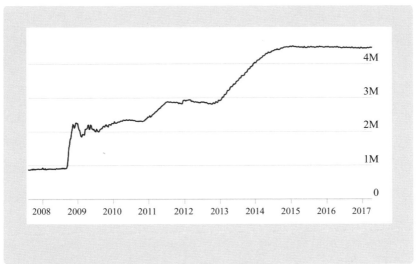

**圖3.3** 美國聯準會總資產。資料來源：美國聯邦準備理事會

年12月16日升息一碼。從2008年以來透過QE買債的過程，使得聯準會的總資產從9,000億美金左右，大幅擴張到2014年的4.5兆左右（見圖3.3）。

　　真實世界裡少有完美的結局，尤其在金融市場中更是如此！雖然美國QE已經退場，但是聯準會的總資產經由買債的過程放大為原本的5倍，令人不禁感到擔憂，這在不久的將來是否會造成高通膨？債市泡沫是否會失序破裂？在獲得這些答案之前，美國正處於QE的後遺症之中。

　　結束QE後，聯準會升息的時間和次數不斷地延後和縮減，而所持有的總資產仍然居高不下。聯準會每一次升息的預期或行動都拉高

了美元匯價，從而衝擊疲弱的經濟復甦。尤其在日本和歐洲央行持續採用QE，其他主要國家的貨幣政策仍然寬鬆的情況下，聯準會更是舉步維艱。就連中國在2015年股匯市的大跌，也影響到聯準會的決策。2015年9月，聯準會主席葉倫（Janet Yellen）在記者會上罕見提到中國及全球危機達16次 [15]，將升息決策從國內數據的研判移轉到對於金融市場的關注。全球的動盪不安使得聯準會升息受阻，還令首次升息後的美國十年期公債殖利率屢創新低。日本和歐洲央行不斷加碼QE，致使不少大國的殖利率走低，也讓美債的殖利率更具吸引力，資金的湧入令美債陷入泡沫破裂的風險之中。

正因為QE是「非常規」的手段，需要在條件允許時準備退場。美國經濟畢竟擁有結構性的優勢，2008年的金融海嘯並未摧毀美國的復甦能力，因此採用QE救急之後，它的經濟能夠迅速恢復增長。然而，日本和歐洲各國存在結構性的問題，不適合長期運用QE救市。日本在安倍晉三（Shinzo Abe）於2012年12月第二次擔任首相後，亦採用積極的貨幣政策和財政政策，並規劃結構性改革，希望能夠刺激經濟增長。他將此三項基本方針比喻為「三支箭」，而他的經濟政策則被稱作「安倍經濟學」（Abenomics）。這些聽起來很酷的名詞，做起來的效果卻不盡理想，主要失敗的原因是結構性轉型的問題。

根據OECD的資料顯示，日本的GDP成長率從2012年到2015年分別為1.7%、1.4%、0%和0.6%。另外，引發歐洲主權債務危機的希臘，也是由於結構性問題，陷於尋求紓困、拒絕撙節、談判債務重整的循環之中。

在貨幣政策逐漸失效、財政政策受制於債務上限的情況下，各國領導人不斷地呼籲*結構性改革*。但究竟什麼是結構性改革呢？簡單來說，就是國家的結構要調整成為收入大於支出的模式，擺脫債務的危機和束縛，或者能以適合的結構支撐經濟持續成長，讓市場對於該國的發展抱持信心。美國的情形屬於後者，它就像一個身強體壯的運動員，出了車禍（金融海嘯）之後，經過緊急搶救的過程（貨幣政策和財政政策），隨即憑藉著強健的體魄，迅速地恢復身體健康。日本則是一向體弱多病，出了車禍、經過急救後，仍是氣若游絲，需要的是長時間的調養和改變過去的惡習，而非屢屢採用刺激性的治療。至於希臘的狀況，我只能說這個國家需要的是經歷「烈火焚身」般的結構性改革，才能真正地「浴火重生」。「結構性」這個名詞聽起來相當抽象，為了具體地感受問題所在，我從OECD的資料中尋找數據並編製成下頁表3.2。

以政府的稅收來看，希臘在公司稅和個人稅的收入明顯不足，日本個人稅的收入也是偏低，但日本政府的解決之道竟是企圖增加消費稅，結果卻抑制了經濟成長的力道。在就業率方面，希臘就業人口比率過低，政府應該提出產業政策和就業計畫來改善。日本則是高齡人口太多，從事生產的人口日益減少，靠退休金及受扶養的人口卻日漸增加，解決的方法為鼓勵生育和開放外來移民。繼續往表格的下方解讀，令人嘆息的是，希臘在入不敷出、就業不足的情況下，支付給退休人士的所得替代率居然高達七成以上，無怪乎人民到達退休年齡之後，沒有意願繼續工作，以致政府財政持續出現赤字。

| 結構性比較 | 美國 | 日本 | 希臘 |
|---|---|---|---|
| 公司稅佔GDP的比率<br>Tax on Corporate Profits (2014) | 2.18% | 4.14% | 1.88% |
| 個人稅佔GDP的比率<br>Tax on personal income (2014) | 10.17% | 6.06% | 5.88% |
| 就業率<br>Employment Rate（Q3, 2014) | 68.2% | 72.8% | 49.6% |
| 高齡人口比率<br>Elder Population (2012) | 13.74% | 24.15% | 19.91% |
| 政府支出佔GDP的比率<br>General Government Spending (2014) | 38.1% | 42.1% | 50.6% |
| 退休所得替代率<br>Net pension replacement rate (2014) | 44.8% | 40.4% | 72.9% |
| 政府債務佔GDP的比率<br>General Government Debt (2014) | 124.2% | 246.6% | 179.0% |
| 研發佔GDP的比率<br>Gross Domestic Spending On R&D (2015) | 2.788% | 3.492% | 0.958% |

表3.2 美國、日本和希臘的結構性比較。資料來源：OECD

　　在政府債務方面，日本和希臘的債務比率令人瞠目結舌。過高的負債比率容易引發信用風險，觸發債券殖利率的上升，而債券殖利率的提高又會使政府債務負擔更加沉重，影響財政支出和GDP成長，經濟陷入惡性循環之中。除了在稅收、政府支出、債務水準、就業和產業方面的改革之外，研發與創新則是觸發結構性質變的推力。可惜

的是，希臘在研發佔GDP的比率始終維持於低水平。

　　無論貨幣政策或財政政策，都只是*暫時調節經濟的手段，並非解決經濟問題的良方*，唯有透過結構性改革，才能真正調整國家發展的體質。各國一再使用貨幣政策和財政政策，只是麻痺人民對於經濟困境的感受，並推遲改革的必要性和成效。放棄刺激經濟的政策，讓國家和人民直接面對結構性問題，才能在改革痛苦之中奮力求變，恢復經濟的健全成長。擴張的財政政策令各國累積過多的債務，寬鬆及「非常規」的貨幣政策更是推波助瀾，並且扭曲債券價格和殖利率，為全球累積系統性風險和金融風暴的能量。雖說美國夠資格採用量化寬鬆的貨幣政策，且能抓準時機適時退場，但在歐洲、日本持續擴大QE規模的情況下，美國也無法置身事外，完全獨立自主地決定貨幣政策。

　　2008年的金融海嘯可以歸咎政府疏於監管，致使金融機構累積過多的債務和風險，而未來的金融風暴恐怕將由政府和央行聯手引發。歐洲央行在2014年首度實施負利率，而日本央行也在2016年1月跟進。2016年3月，歐洲央行進一步調降負利率，還宣布買進公司債券。「英國脫歐」公投後，英國央行在8月宣布QE，同時也計畫買入公司債券。一時之間，開啟了央行購買公司債的浪潮。眼看這些央行買了公債還不夠，居然又要買進公司債，我真的很想大吼一聲：*別鬧了！*

　　央行買債「印鈔」的邏輯是，*「印鈔」並非「無中生有」，而是以高品質的債券（例如公債）做為新增貨幣供給的保證*，這樣才會讓人對於該

國貨幣產生信心，降低發生惡性通膨的可能性。因此各國央行在實施買債計畫時，通常會以公債和政府機構債券為主。

　　然而，在央行開始買入公司債之後，如果將來蒙受損失，必定讓人對於該國貨幣失去信心，拉高金融風暴形成的機率。國家倒債，對於一國的經濟來說，絕對是一場空前的危機，但如果是公司倒債呢？在從前的話，我會說兩者不可同日而語，但以現今正在進行的情形來看，央行已將公司債視為貨幣政策的重要工具，而公司債對於國家的運作將扮演越來越吃重的角色。因此了解公司債、評估公司債可能形成的危機，就成為一項值得探討的課題。這也是我們下一章的主題。

參考資料（註）：

1. 反浮動利率債券（inverse floater）是一種票面利率浮動的債券，票面利率與指標利率的變動方向相反，也就是說，當指標利率下跌時，票面利率就會增加，當指標利率上升時，票面利率就會減少

2. When Government Fails: The Orange County Bankruptcy, The Second Annual California Issues Forum, 18 March 1998

3. 本書以主權債券泛指國家所發行的債券。有些定義會將主權債券視為對外發行的外幣債券，有別於國內發行以本國貨幣計價的公債

4. Abbigail J. Chiodo and Michael T. Owyang, A Case Study of A Currency Crisis: The Russian Default of 1998, November/December 2002

5. Federico Sturzenegger and Jeromin Zettelmeyer, Haircuts: Estimating Investor Losses In Sovereign Debt Restructurings 1998-2005, IMF, July 2005

6. 所述損失是針對非居民投資者來說，而且還不計算匯出時資本管制條件下的折現損失

7. From benefits to bendy bananas: Fact - checking UK's EU debate, Daily Mail, 5 March 2016

參考資料（註）：

8. 經常帳是指貿易收支的計算（商品及服務的出口減掉進口），再加
   上淨收入（例如外國的利息和股利）以及淨現金移轉支付等，出現
   盈餘即為順差，反之則為逆差

9.「歐豬五國」指的是葡萄牙、義大利、愛爾蘭、希臘和西班牙，取
   五國英文的字首為諧音，這是報導中常會用到的用語，但因為帶
   有侮辱意味，所以在本書中只會使用一次

10. Greek government-debt crisis, Wikipedia

11. Philip R. Lane, The European Sovereign Debt Crisis, Journal of
    Economic Perspectives-Volume 26, Number 3-Summer 2012

12. Bad Debt Piled in Italian Banks Looms as Next Crisis, The Wall Street
    Journal, 4 July 2016

13. 三輪QE實施或宣布的時間分別在2008年11月、2010年11月和
    2012年9月，Quantitative easing, Wikipedia

14. Michael Joyce, David Miles, Andrew Scott and Dimitri Vayanos,
    Quantitative Easing and Unconventional Monetary Policy – An
    Introduction, The Economic Journal, Vol. 122, 2012

15. Janet Yellen invokes China 16 times in 1 hour, CNNMoney, 18
    September, 2015

# 第4章：公司債券

THE
GREATEST
MANAGEMENT
PRINCIPLE
IN THE WORLD

Michael
LeBoeuf,
Ph.D.

The success secret for anyone who works for a living

> 獎勵什麼，就會得到什麼。
>
> ——管理學人 麥可・拉伯福（*Michael Leboeuf*）

　　GDP是由「民間消費」、「企業投資」、「政府支出」和「淨出口」（出口減進口）所組成的。

　　當一個國家陷入債務危機時，不僅政府會縮減支出而影響GDP成長，債務危機還會抑制民間消費和企業投資；而***主權債務危機通常伴隨著貨幣的貶值***，而貨幣貶值雖然對於出口有幫助，但也可能藉由進口引發高通膨。主權債務危機還容易引發經濟衰退，但假使企業在大規模發行公司債券，並於往後遭遇財困的時候，是否也會產生類似的後果呢？

　　先說明一下，我們在本章提到的公司債券先不包含「金融債券」，它會留待後面的章節再討論。（由於金融業〔尤其是銀行〕是一種特許行業，掌管國家的資金和信貸命脈，所以當金融業發生債務危機時，不但造成國家和人民的虧損，還會凍結資金供需的流動性，而政府必會傾全力來紓困，因此其影響力自然不亞於主權債務危機。）

　　在各國央行沉迷於寬鬆貨幣政策、將公債殖利率推至低點之際，公司債券的殖利率也同步下跌，此舉等於間接鼓勵企業發債。另外，一些央行啟動購買公司債券的計畫後，更令公司債券大受歡迎。在這樣的氛圍下，企業就容易形成不當的槓桿和經營模式，在未來市場利率上升之後，則會造成企業的虧損或倒閉，屆時不僅債券投資人血本無歸，國家和人民也將為此付出慘痛的代價。

　　為了避免這本書太過悲情，都只著墨在債券投資人和國家的損失上，接下來讓我們先幻想自己轉變為企業主，以企業發債的角度來了解公司債券。話雖如此，但在閱讀的過程中你會發現，有時身為企業

主還是滿悲哀的！

## ❶換你當老闆，你要怎麼發債？

假設你當上了老闆，你便會發現，思考發債的過程並不比投資人決定要不要買債來得輕鬆。

在2015年12月，在美國聯準會升息一碼（0.25%）後，金融市場解讀聯準會的會後聲明，進一步預期聯準會在2016年將會升息四次。如果在當時，你真的相信了聯準會所傳達的訊息，你不會考慮發行「浮動利率債券」而會選擇固定利率的債券，以便將發債利率鎖定。

浮動利率債券的票面利率通常會以一項指標利率（例如三個月期的LIBOR，即「倫敦銀行同業拆款利率」）再加上一個反應信用評等的數字。以相同條件的債券來說，浮動利率債券的票面利率會比固定利率債券來得低，但浮動利率債券的票面利率會隨著市場利率提高而上升。唉！各位感受到當上老闆後的沮喪了嗎？因為在2016年，聯準會最終只有升息一次。此時，你應該覺得很懊惱，在2015年的年底，自己不該發行利率較高的固定利率債券，以致2016年的公司財報中出現較高的利息支出。

等到2016年6月「英國脫歐」公投之後，市場居然反過來開始臆測聯準會「降息」的可能性。若假設此時你的公司剛好又要發行債券，在利率走勢不確定的情況下，你可能還是選擇發行固定利率配息的債券，但發行時附上「可提前贖回」的條件。對於企業來說，*債券*

*附有提前贖回條件的好處是，當市場利率走跌時，企業可以在債券到期日前提早贖回債券*，再重發利率較低的債券，節省利息支出。

然而，由於你發行了附有提前贖回條件的債券，給予企業靈活性和節省利息支出的機會，所以也會比一般債券付出較高的利率。「英國脫歐」公投後的兩個月，全球股債仍然表現良好，經濟情勢沒有想像中的那麼糟，聯準會又開始讓市場有了9月或12月升息的預期。炎炎夏日，身為老闆的你恐怕無心去避暑度假，因為這次預期錯誤又讓你付出更多的利息。在轉變身分後，你應該能夠體會企業主對於利息斤斤計較的心情，因為公司所賺到的錢要先支付債息，然後才會進到企業主的口袋之中。

到底，企業主和投資人對於債券的看法有何差異呢？各位心中應該有此疑問吧！接下來，我將以前面章節所提到的債券組成來做簡單的探討。

### 到期日（Maturity date）與年期（Tenor）

除了債券價差之外，債券投資人會希望收到較多的利息。企業主與投資人的思維則正好相反，當然希望付出的利息越少越好。所以*在預期市場利率快速上升時，企業主會發行較長期的固定利率債券，以免債券太早到期，提高了重發債券的利率，而在預期利率下跌時，企業主會選擇發行較短期的債券或浮動利率債券*。在市場利率走勢不確定時，企業主可能會想發行附有提前贖回條件的固定利率債券，如果利率上升，所付的利息仍然固定不變，而當利率下跌時，便可以提早贖回債

券。在發債策略上，就如同投資人一般，企業主也可以考慮子彈型、啞鈴型或階梯型等策略，但須記得，企業主在思考邏輯上要與投資人相反。

## 票面利率（**Coupon Rate**）

除了固定利率和浮動利率之外，有些債券（例如永續債券，即perpetual bond）會採用「混合式」的配息方式，也就是前幾年票面利率是固定的，之後則是浮動。當企業主想要長期融資，但又擔心幾年過後利率走跌的時候，就可以設定這樣的配息條件。然而，如果市場利率先跌後升的話，所付出的利息不是更高了嗎？沒這麼悲情吧！企業主不可能總是處於倒楣又弱勢的地位。一般來說，這樣的債券通常設有提前贖回的條件。在提前贖回日期之前，票面利率是固定，之後則是浮動的。在提前贖回的日期過後，如果市場利率走勢不利於企業主的話，企業主便可以提早贖回債券，重新再發債籌資。

## 信用評等（**Credit Rating**）

信用評等直接地影響企業的債息成本。如果企業主經營的是大型企業，發行債券的信用評等是投資等級以上，利息支出就可以控制在較低的水準。但如果企業規模不大或是財務狀況不佳，發行債券的信用評等屬於非投資等級，企業主便要付出較高的利息支出。

這時候，假使企業主有個「富爸爸」──也就是家頗具實力的控股公司，能夠為企業發行的債券做擔保，企業主所發行的債券信用評

等就可以跟控股公司一致，因此便能讓企業發行殖利率較低的債券。就算沒有「富爸爸」，企業主也可以用公司的資產來抵押發債，有擔保債券比無擔保債券的信用評等來得高。假使發行有擔保債券的殖利率仍然太高的話，還有一個解決方法，那就是尋找其他信用評等較高的機構來擔保。

例如，一些信用評等較差或較沒名氣的中國公司在香港發行債券的時候，就會找中國的銀行以「*擔保信用狀*」（standby letter of credit，簡稱SBLC）做擔保，所發行的債券就可以獲得A等級的信用評等。當然，要找銀行做擔保，債券發行人也必須支付額外的費用給銀行，所以發行人必須仔細評估費用方面是否划算。

在現實或電影之中，很多發債企業主總是給人一種能夠「空手套白狼」[1]的印象。實際上，我能想到比較合法的方式就是發行「*可轉換債券*」（convertible bond）。企業主可以發行可轉換債券並且不需支付任何利息，而條件是必須設定較具吸引力的認股轉換價。可轉換債券之所以不用支付利息，是因為企業主發行這種債券時，提供投資人一個選擇權，可以讓投資人用轉換價將債券換成企業的股票。所以當股價漲到超越轉換價的時候，可轉換債券的投資人就可以選擇執行轉換。當然這種做法的缺點顯而易見，雖然企業主不需支付籌資所需的利息，但在投資人以債換股之後，企業主的持股獲利也將因股權被稀釋而減少。

不過，如果各位讀者們的內心正在吶喊：*我就想要試試「空手套白狼」！*那好吧，但為了讓你享受這種樂趣，我們再進行一場角色扮

演吧。在過程中,我們將能更加感受投資公司債券的風險,以及**_大規模流通的公司債券對於國家會造成什麼潛在威脅_**。

## ❶ 再現安隆案!(別扁我……)

時光回到1985年,你來扮演雷(Kenneth Lay)先生的角色。

雷擔任過美國安隆公司(Enron Corporation)的執行長和董事長,一直任職到2002年1月。安隆是以天然氣起家,並涉足於天然氣、電力的配送,同時也從事設立電廠和鋪設管線。雷與布希家族交情深厚,不僅他自己捐過不少政治獻金,也透過安隆幫助布希家族以及共和黨。布希家族毫不掩飾與雷的親密關係,在小布希(George W. Bush)競選總統時,曾多次搭乘由雷安排的安隆公司專機 [2]。小布希於2000年當選美國總統後,雷將擔任部長級官員的傳言則甚囂塵上。雷在政治上的影響力幫助安隆化解不少政府的管控,再加上形塑出以賺錢和股價為導向的公司文化,讓安隆年營收從1990年初期不到100億美元的規模,成長到2000年的1,010億 [3]。《財星》雜誌(Fortune)更是從1996年到2001年,連續六年將安隆評為全美最創新企業。

現在,扮演雷的你,享受著權傾天下、受人敬畏的虛榮感。在雷的帶領之下,安隆已不是傳統上那家布滿管線的公司,而是一群以交易員和財務人員為主力的公司,除了積極進出期貨和衍生性商品市場之外,還在經營模式和財會制度上不斷創新。與其說安隆是能源公

司，不如說它更像是一間金融機構。雷在雇用史金林（Jeffrey Skilling）和法斯陶（Andrew Fastow）後，更是如虎添翼。史金林和法斯陶在日後分別成為安隆的執行長和財務長。

每隔一陣子，你會約我在休士頓市中心的一間高級餐廳裡用餐。餐廳會特別安排給你一間隱密的包廂，讓你可以對我暢所欲言。你告訴我，史金林相當地聰明，他採取了「以市值計價」（mark to market）的會計原則，認列所有可以預見的收益，而不按照傳統上實際認列的方式。這樣的做法使得安隆在會計上能夠靈活操作，不斷地增加獲利數字，在季報公布時，屢屢超越市場的預估值，股價因此節節攀升。

記得有一次，你皮笑肉不笑地說，史金林真是個幽默的傢伙。用「傢伙」來形容他，是因為即使他努力幫你和公司賺錢，你心裡卻有點看不慣他的手法。藉著運用期貨交易天然氣的方式，讓安隆在1989年成為北美最大的天然氣公司。安隆交易員在買賣天然氣的時候，不僅是為了避險，更是為了投機獲利，領取更多的分紅獎金。安隆把天然氣的獲利模式套用在電力市場上，甚至引發缺電危機都在所不惜。安隆交易員可以先在市場上做多電價，並勾結安隆自家的電廠，要求電廠藉故停止發電一段時間，引發電力吃緊，然後在電價上漲時獲利。安隆在2000年的加州電力危機中予取予求，或者說這場電力危機其實就是由安隆所引起的。安隆設法讓加州供電不足，並從電價上漲中大賺一票。在當時，史金林居然還恥笑加州比鐵達尼號更慘，因為在沉船之前，鐵達尼號的燈至少還是亮的。[4]

此外，一說到安隆的財務長法斯陶——這個在1999年獲得《財務

長》雜誌（CFO Magazine）頒獎的37歲年輕人，你的臉上出現了陰晴不定的神情。法斯陶設立了多家空殼公司，並利用這些公司與安隆做交易，虛增安隆的獲利，還將安隆的債務隱藏起來。他鑽研法規和監管上的漏洞，使得安隆可以操控的空殼公司不被列入合併報表之中。簡單來說，透過公開資訊和報表，投資人根本不知道這些空殼公司的詳細情形，只會看到安隆的財報越來越亮眼。你可能知道安隆後來發生了什麼事情，但你應該不知道這些關鍵人物的下場。你覺得我讓你扮演雷的角色，是因為雷是「空手套白狼」的最大受益者，但由於不涉及第一線的操作，你認為雷最終可以逃過一劫。

實際上，從種種跡象顯示，雷雖然沒有直接操作細節，但他絕對了解整個安隆運作的情況，並放任錯誤的行為重複發生，而且雷運用自身的政經實力，使得安隆「創新」的會計原則和營運模式不受政府的阻擾。從加州電力危機的事件中，更可看出雷背後運作的痕跡。當時，身為雷的好友兼總統的小布希，在加州持續發生重大缺電之際，居然對於加州提出聯邦政府介入的請求採取消極的態度。但就算雷叱吒風雲，還是有一位美林銀行的分析師不買帳，沒將安隆的股票評為「買入」的名單之中。

在1998年，美林為了安撫雷和安隆高層，希望拿到安隆更多的生意，於是便把這位分析師撤換 [5]。從這些例子就可以感受到雷的影響力，以及為什麼少有人敢質疑安隆的獲利數字。也因為如此，雷不可能置身事外，辯稱自己沒有涉入安隆異於常規的運作模式。另一個更明顯的例子是，在1999年，安隆財務長法斯陶向華爾街募資成立

「LJM基金」，並由自己負責管理。LJM基金主要交易的投資就是安隆的資產，也是安隆用來操作獲利的手段之一。身兼財務長和基金管理人的法斯陶，等於是自己在跟自己交易，過程中充滿了利益衝突，但這項不符合職業倫理的行為，卻獲得由雷主導的董事會所認可。

接下來發生的事情，也許各位應該耳熟能詳了！安隆，這個曾是全美第七大的企業，在2001年時終於紙包不住火，會計上的虛假作帳陸續被揭露出來，而美國證券交易委員會（U.S. Securities and Exchange Commission，簡稱SEC）在11月正式啟動調查。信評機構在當月將安隆的債券信用評等調降至垃圾等級，而安隆的股價則從2000年的90美元跌到當時的1塊以下，並於2001年12月2日宣布破產。

你應該很享受扮演雷所擁有的虛榮感，並沉醉在帶領企業快速成長的榮耀之中。但在安隆案發生後，扮演雷的你，最關心的事莫過於法庭的判決。我告訴你，安隆破產後，史金林會被判刑24年4個月，之後獲得減刑10年，而法斯陶則被判刑6年，假釋2年。最後，雷則是不必坐牢。聽到這裡，你應該很感激我所為你挑選的角色，讓你在「空手套白狼」之後，還能逍遙法外。不過，先別高興得太早！雷之所以不用坐牢，是因為他心臟病死了。希望這樣的結果，不會讓你想要扁我。

我請你扮演安隆的老闆，不僅是為了滿足你「空手套白狼」的樂趣，也是希望你能了解，就算再大的企業還是可能走上破產之途。在危機爆發之前，投資這類公司發行的債券令人感到安心，就像安隆的

員工，對於公司營運和股價充滿信心，不斷將自己的收入投進安隆的退休金計畫之中，而該計畫則將大部分資金買入自家的股票。在公司會計醜聞爆發後，員工卻無法立即將資金抽離，只能眼睜睜地看著自己的辛苦化為烏有。投資這類公司發行的債券，如果公司破產倒閉，債券投資人必然也會承受極大的損失，但安隆宣布破產時，並沒有掀起大規模的系統性危機，主要的原因是2000年初期科技股泡沫化，企業在此之前喜歡用股票籌資，而美國聯準會在2000年前後曾經短暫升息，因此企業對於發行債券以及槓桿操作的興趣不高。

然而，在2008年金融海嘯之後，各國不斷地降息和採取QE貨幣政策，市場利率不斷下跌，一些大國甚至出現負利率，迫使資金尋找更高的收益，從而將公司債的殖利率往下推低。殖利率的下跌誘使企業發債籌資，累積更多的財務槓桿，而越來越多央行居然還推波助瀾，宣布*將公司債納入QE的購債計畫*之中。隨著央行購債規模的擴大，令人不禁擔心央行選擇公司債的標準和品質。如果央行在公司債的投資中受損，會不會影響所有人對於該國貨幣和經濟的信心？如果央行因此對於公司債的投資收手，是否將會引發債券市場利率的反轉，造成債券投資人的損失以及發債公司的成本上升？由於公司債所累積的規模不容小覷，後續效應是否又會引發金融危機呢？

你可能認為安隆事件不會重演，政府必然會記取教訓，加強要求企業對於財務報表的充分揭露。的確，美國政府是有針對會計原則和表外交易加以監管，但我只能說政府做的還不夠。2007年的「次貸危機」（the subprime mortgage crisis）發生後，市場開始關注結構式投資

工具（structured investment vehicle，簡稱 SIV）[6]。SIV 是銀行設計*從長短期利差中獲利的工具，通常運作的方式為發行短期票據籌資，然後將資金投資在長期配息的產品*。這種賺錢模式最大的問題就是「以短支長」，當短期票據到期後，還得不斷地重新發行，直到所投資的長期配息產品到期為止。但如果要在到期前結束 SIV，所投資的長期產品需要具備流動性，可供隨時變賣。

　　然而，不少 SIV 投資的產品是「次級房貸抵押債券」。這類債券在次貸危機發生後，不僅價格大跌，而且缺乏買賣的流動性。當這種情形出現的時候，短期票據的籌資就會發生問題，投資人會缺乏信心認購，而銀行除了賠錢之外，還要被迫提供資金給 SIV 支應短期到期的票據，銀行資金的供需因此相當緊俏，營運陷入危機之中。對於投資人來說，最可怕的一點就是，SIV 在當時並不需要被揭露於銀行的資產負債表上。也就是說，投資人在銀行爆出問題之前，根本不知道銀行有 SIV 的存在。

　　或許你的天性樂觀，仍然相信在 2008 年金融海嘯發生之後，政府和企業會共同努力，避免悲劇重演，但我認為政商之間盤根錯節的關係，總是無法讓監管規定的運作完全防堵危機的發生。各國央行在啟動寬鬆的貨幣政策之後，貧富懸殊隨之逐漸擴大，富人受益多於窮人，大企業得利多於中小企業。過多的債務和財務槓桿引發了金融海嘯，但政府和央行依然漠視「去槓桿化」的重要性，反而不斷擴大 QE 規模和啟動購買公司債的計畫，實在令人擔憂過去的錯誤將在未來重演。表 4.1 為美國公司債券歷年來的發行量，從數據中可以明顯發現

| | Non-Convertible[1] | | | | | | | Convertible | TOTAL |
|---|---|---|---|---|---|---|---|---|---|
| | Investment Grade | High Yield | Total | Callable Fixed Rate | Callable Floating Rate | Non-Callable Fixed Rate | Non-Callable Floating Rate | | |
| 1996 | 285.0 | 58.7 | 343.7 | 79.1 | 4.3 | 200.3 | 60.0 | 21.3 | 365.0 |
| 1997 | 358.1 | 107.9 | 466.0 | 131.4 | 5.9 | 232.9 | 95.9 | 26.0 | 492.0 |
| 1998 | 481.1 | 129.6 | 610.7 | 240.5 | 7.8 | 228.0 | 134.4 | 17.4 | 628.1 |
| 1999 | 544.9 | 84.3 | 629.2 | 211.8 | 5.0 | 248.8 | 163.7 | 26.4 | 655.6 |
| 2000 | 542.9 | 32.2 | 575.1 | 197.4 | 16.1 | 167.5 | 194.1 | 49.6 | 624.6 |
| 2001 | 692.8 | 77.7 | 770.5 | 401.2 | 7.5 | 230.2 | 131.4 | 78.3 | 848.8 |
| 2002 | 579.1 | 57.2 | 636.3 | 283.2 | 2.7 | 187.3 | 162.8 | 30.6 | 666.9 |
| 2003 | 644.6 | 128.5 | 773.1 | 359.7 | 23.1 | 176.1 | 214.1 | 73.0 | 846.0 |
| 2004 | 640.6 | 135.0 | 775.6 | 237.4 | 32.0 | 205.7 | 300.2 | 32.4 | 808.0 |
| 2005 | 652.5 | 95.8 | 748.2 | 232.4 | 59.0 | 150.2 | 306.6 | 29.7 | 778.0 |
| 2006 | 911.8 | 146.1 | 1,057.8 | 348.4 | 87.9 | 191.7 | 429.8 | 63.3 | 1,121.1 |
| 2007 | 1,002.1 | 135.0 | 1,137.1 | 422.9 | 99.3 | 256.9 | 358.0 | 77.5 | 1,214.6 |
| 2008 | 668.8 | 41.8 | 710.6 | 352.8 | 58.0 | 188.9 | 110.8 | 43.4 | 754.1 |
| 2009 | 794.6 | 147.4 | 942.1 | 616.4 | 5.6 | 271.8 | 48.3 | 33.5 | 975.6 |
| 2010 | 792.2 | 262.4 | 1,054.6 | 577.4 | 10.2 | 406.1 | 61.0 | 29.1 | 1,083.8 |
| 2011 | 796.9 | 224.6 | 1,021.5 | 585.5 | 8.2 | 310.5 | 117.2 | 20.8 | 1,042.3 |
| 2012 | 1,032.4 | 332.7 | 1,365.1 | 884.0 | 13.2 | 415.3 | 52.6 | 19.8 | 1,384.9 |
| 2013 | 1,042.4 | 335.7 | 1,378.1 | 801.5 | 24.3 | 419.7 | 132.7 | 36.4 | 1,414.5 |
| 2014 | 1,125.5 | 311.0 | 1,436.5 | 865.0 | 21.5 | 422.8 | 127.2 | 37.7 | 1,474.3 |
| 2015 | 1,227.6 | 262.3 | 1,489.9 | 997.1 | 30.2 | 380.0 | 82.5 | 20.7 | 1,510.6 |
| 2016 | 1,282.9 | 236.9 | 1,519.8 | 1,014.8 | 32.1 | 391.5 | 81.3 | 18.8 | 1,538.6 |

表4.1 美國公司債券發行量（單位：十億美元）。資料來源：美國證券業與金融市場協會（SIFMA）

2008年到2015年公司債發行量倍增的趨勢，並警覺到，埋藏在公司債之中的危機恐將對經濟產生前所未有的打擊。

在當過大企業主之後，你應該會有種「看盡繁華」的感慨吧！接下來，我想讓你扮演小企業的老闆，再體驗一下發行高收益債券的感覺，並了解這個近年來大受歡迎的高收益債券將對國家帶來何種威脅。

## ❶致命的吸引力——高收益債券

雖然你扮演的只是小企業的老闆，但假設你的公司仍有足夠的規

模通往債券市場，而你所發行的債券是屬於非投資等級債券，也就是俗稱的「垃圾債券」，或是美其名為高收益債券。沒有政經實力的加持，也沒有會計花招的操弄，你必然會務實地計算債息的成本。

畢竟，對於企業來說，省錢也是賺錢的一種方式。為了幫你節省發債的利息，在此我還是抗拒不了想穿越時空的誘惑，想要找尋一個發債的好時點。記得我在之前章節所說的嗎？債券發行的殖利率是以「指標利率加上一個反映信用評等」的數字。根據這樣的思考脈絡，我找出美國十年期公債殖利率以及高收益債券信用利差（credit spread）的歷史走勢。信用利差是以*同年期的高收益債券殖利率減去公債殖利率*，這項利差反應了風險加碼以及對於經濟狀況的預期。一般來說，利差越小代表經濟前景穩定，高收益債券的風險較低，反之則代表經濟前景不明，高收益債券的風險升高。所以，我找出美國十年期公債殖利率相對低點的年份，並配合高收益債券信用利差較小的時間點來發債，然後你便可以享有較低的利息支出。說到美國十年期公債殖利率，你應該感到好奇，為何金融市場的參與者總是特別關心這項指標呢？

*美國公債是由美國政府信用擔保，一向被認為沒有違約的風險*，而由於發行量和交易量龐大，所以流動性極佳，買賣價差很小，因此美國公債殖利率常被當作「無風險利率」（risk-free interest rate），可以拿來分析固定配息和非固定配息的投資產品，並運用在預測市場利率、通貨膨脹和經濟活動上 [7]。但為什麼關注的焦點是在十年期的公債而非其他年期的公債呢？因為*十年期公債殖利率的變動廣泛地影響了其他*

*利率* [8]，例如房貸利率，而十年期公債的標售結果也是投資人看待經濟前景的參考 [9]。對於美國政府而言，財政部不僅將十年期公債殖利率當作財政支出的成本，也將它視為**觀察全國經濟的重要數據之一**（見表4.2）。在美國財政部2015年的財報中，美國十年期公債殖利率是少數列在其中的經濟指標，重要性甚至高於投資人以往最關注的利率——聯邦基金利率（Federal Funds Rate）。

在當過大老闆之後，也變身過小企業主的你，必定深深地感受到人情冷暖以及交易對手的勢利，籌資管道的限制和資金成本的暴增將令你大感意外。你也會發覺做生意就像投資一樣，很多時候都得靠運氣。

例如，假使你的企業經過多年營運，想要在2008年底大舉擴張的時候，你會對於動輒雙位數的債券殖利率感到傻眼，因為如果你早一、兩年發債籌資的話，發行債券的殖利率只有2008年年底的三分

| Table 6: National Economic Indicators* | | |
|---|---|---|
| | **FY 2015** | **FY 2014** |
| Real GDP Growth | 2.2% | 2.9% |
| Residential Investment Growth | 9.4% | 0.5% |
| Average monthly payroll job change (thousands) | 227 | 226 |
| Unemployment rate (percent, end of period) | 5.1% | 6.0% |
| Consumer Price Index (CPI) | 0.0% | 1.7% |
| CPI, excluding food and energy | 1.9% | 1.7% |
| Treasury constant maturity 10-year rate (end of period) | 2.06% | 2.52% |
| Moody's Baa bond rate (end of period) | 5.35% | 4.81% |
| * Some FY2014 data may differ from the FY2014 *Financial Report* due to updates and revisions. | | |

表4.2 美國財政部觀察經濟的參考數據。資料來源：美國財政部財報（2015）

之一左右。當然，如果你的生意和景氣連動密切的話，你可能慶幸沒有借錢擴張，因為在2008年和2009年之間，不少高收益債券的發行人違約，企業面臨破產的邊緣。

讓我們再用圖4.1舉例說明，雖說信用利差會隨著經濟好壞擴大或收縮，但是在2008年以前，似乎沒有人想到高收益債券的信用利差會擴增到平均數的三倍以上。在經過一番比對和計算之後，如果你可以選擇發債時點的話，我會建議你選在2004年年初的美國。那時的美國十年期公債殖利率正逢相對低點，高收益債券的信用利差低於

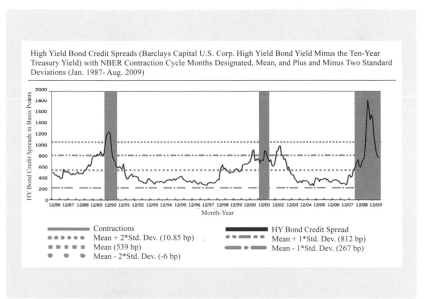

High Yield Bond Credit Spreads (Barclays Capital U.S. Corp. High Yield Bond Yield Minus the Ten-Year Treasury Yield) with NBER Contraction Cycle Months Designated, Mean, and Plus and Minus Two Standard Deviations (Jan. 1987- Aug. 2009)

圖4.1 美國高收益債券信用利差走勢圖（縱軸中的1 Basis Point = 0.01%）。資料來源：
Journal of Applied Corporate Finance, A Morgan Stanley Publication，Summer 2009

長期平均數，而未來三年的經濟則持續擴張，因此你便可以享受低利率發債、專注經營本業的樂趣。

雖然高收益債券的發行成本不小，但由於小企業的成長通常較為快速，企業主仍然願意發債籌資，而不希望稀釋股本、與他人分享獲利。此外，在遭遇財務危機和金融震盪的時候，企業主有時更需要發債自保，即使付出較高的利率也在所不惜。在次級市場買賣時，信用利差則會因為違約風險上升而飆高。在這個時候，高收益債券對於投資人就會形成致命的吸引力。投資人一方面被雙位數的殖利率所吸引，一方面則擔心發行人違約或倒閉。但即使信用利差縮小之後，投資人仍應謹慎小心。金融機構在推銷高收益債券的時候，除了以高配息吸引投資人之外，還喜歡使用上圖中的信用利差當做賣點。在2007年，如果你看到高收益債券的信用利差持續低於長期平均數（5.39%）而認為經濟前景穩定，並買進高收益債券的話，到了2008年之後，你絕對會欲哭無淚。

我曾提過，高收益債券的信用利差不僅反映了發行人的信用風險，還反映經濟情況的好壞。此外，在經濟擴張或收縮的起伏之中，信用利差的變化也會調節發行人是否發債的決定。在經濟情況不好的時候，信用利差將會升高，高收益債券的發行人便會隨著發債利率上升而謹慎發債。經濟情況轉好時，則可能出現相反的情形。我之所以用「可能」兩個字，是因為高收益債券的殖利率深受市場利率和信用利差的影響。當經濟前景看好時，雖然信用利差會縮小，但通常央行會擔心通膨而提高市場利率，所以高收益債券的殖利率不一定因此下

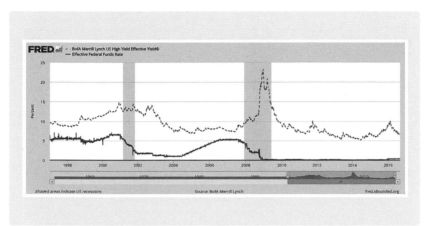

圖**4.2** 美銀美林的美國高收益債券殖利率＆聯邦基金利率走勢圖。資料來源：美國聖路
易斯聯邦儲備銀行經濟資料庫

跌。圖4.2顯示在2004年之後，雖然美國聯準會不斷提高聯邦基金利
率（實線），但高收益債券殖利率（虛線）仍處於相對低位。然而，在
1999年到2000年聯準會短暫升息的期間，高收益債券的殖利率卻明
顯地上升。

　　在2008年金融海嘯發生的幾年後，高收益債券市場進入一個罕
見的局面。許多國家邁入長期性的經濟低成長，甚至不時出現經濟衰
退的危機，但在實施QE、負利率以及央行購買公司債的情況下，由
於高收益債券的殖利率仍較一般債券具有吸引力，因此不斷地受到追
捧。這些高收益債券的發行人或是潛在發行人，在高收益債券價格上
漲、殖利率走跌的時候，更有誘因擴大發債規模，市場上也就累積越
來越多低品質的債券。

弔詭的是，在全球經濟不振、隨時都有「黑天鵝」降臨之際，高收益債券的殖利率居然因為寬鬆貨幣政策而處於歷史低位，信用利差沒能發揮價格警示的作用，這無疑地加大了債務危機所累積的能量。試想，**當高收益債券的違約率因經濟惡化而升高的時候，殖利率將會跟隨上升，債務槓桿過高的企業極有可能面臨破產**。在此時，如果高收益債券流通的規模累積到一定的程度，金融市場就相當容易形成崩跌式的連鎖效應。屆時，不僅投資人虧損、企業倒閉、經濟衰退，就連央行買進的公司債都有可能違約，資金供需的流動性陷入凍結，重演金融海嘯的場景！

## ❶ CDS：為債券買保險？

眼看高收益債券和投資等級的公司債券各自存在不同程度的風險，我們不禁又想回到投資人的思維，找尋是否有什麼保住本金的方法。除了多下點工夫研究債券和政經局勢之外，你也可以為債券買保險。

「為債券買保險」的意思就是買入*信用違約交換*（credit default swap，簡稱CDS）。例如，你買進一家名為「賺到翻」公司的債券，但又有點擔心這家公司違約，讓你血本無歸。此時，你便可以找金融機構買入「賺到翻」公司債券的CDS當作避險。CDS的買方需要付出費用，所以你必須評估以此避險的費用是否划算，而賣方則是收取費用，但當「賺到翻」的債券違約時，賣方便須按照CDS的契約賠付買

方的損失。就算你沒有買進「賺到翻」的債券，你仍然可以交易「賺到翻」債券的CDS。這時，交易的目的就從避險轉變成投機。當你沒有「賺到翻」的債券而卻買進CDS的時候，你一定很希望「賺到翻」發生信用危機，這樣你便可以在「賺到翻」違約後大賺一筆，或是在CDS上漲時賣出獲利。如果在CDS到期的時候，「賺到翻」仍然沒有發生任何危機，你最大的損失便是支付CDS的費用。

　　然而，和債券一樣，交易CDS也有發行人的信用問題。當「賺到翻」真的發生違約事件時，如果CDS發行人無力賠付的話，不只所付的費用付諸流水，如果手中還持有「賺到翻」的債券，損失將更加慘重。你別以為只要慎選CDS的發行人，這種事情就不會發生。在2008年，曾是全球最大保險機構的美國國際集團（American International Group，簡稱AIG）就因過度發行CDS而面臨倒閉。AIG為了賺取每年2億5千萬美金左右的保費，使得自己發行CDS的曝險高達約5千億 [10]。在金融海嘯期間，如果美國政府沒有積極救市，或是放棄援助AIG，恐怕不只AIG會破產，就連向AIG購買CDS的機構或投資人也將損失慘重。

　　在這一章，不知你已感受到身為投資人和企業主的無力感了嗎？在債券市場之中，既然投資人和企業主扮演的是比較被動的角色，那麼令*債券造成危機的主角*應該另有其人吧！是避險基金的大鱷嗎？還是華爾街裡的惡棍呢？都不是！在我心中，這個「最厲害」的角色就是政府的財經官員。

參考資料（註）：

1.「空手套白狼」在這裡是指沒有付出或付出極少，就可免費取得資金或者得到回報

2. Bush's Ties to Enron Chief Attract Growing Scrutiny, Los Angeles Times, 11 February 2001

3. Mark Jickling, The Enron Collapse: An Overview of Financial Issues, 4 February 2002

4. Alex Gibney, Enron: The Smartest Guys in the Room（documentary film）, 22 April 2005

5. Merrill Lynch Replaced Research Analyst Who Upset Enron, The New York Times, 30 July 2002

6. Structured investment vehicles' role in crisis, Financial Times, 12 August 2007

7. Michael J. Fleming, The Benchmark U.S. Treasury Market: Recent Performance and Possible Alternatives, April 2000

8. Congressional Budget Office, How CBO Projects the Real Rate Interest on 10-year Treasury Notes, December 2007

9. Michael Goldstein, 10-year Treasury Yield, 9 December 2013

10. Behind Insurer's Crisis, Blind Eye to a Web of Risk, The New York Times, 27 September 2008

> 如果要增加未來的現金流，就把它做成證券；
> 如果想要經營風險，就把它做成證券。
>
> ——華爾街名言

為什麼政府的財經官員會是「最厲害」的角色呢？

財經官員監管不力是引發2008年金融海嘯的主因之一，不僅催生房市泡沫，更令次級房貸和各種貸款盛行，更可怕的是透過「*證券化*」的過程，使得金融系統累積過多的槓桿以及高風險的產品。次級房貸（subprime mortgage）是指放款機構針對信用評分較差的客戶所發放的房貸。這些客戶的財務特徵通常為低收入、低資產、工作不穩定以及信用不佳。在房價節節攀升之時，這些金融機構不擔憂房貸成為壞帳，長期房市的榮景讓所有參與者掉以輕心，政府沒有做好嚴格的管控，也令人們前仆後繼地投入房市，素質參差不齊的房貸源源不絕地發放，經過房貸「證券化」而發行的抵押債券則不斷地提供資金活水。在房市泡沫破裂後，房價下跌令銀行壞帳增加，經濟出現惡化的情況，取得次級房貸的購屋者開始拖欠繳款，又無法以跌價後的房子申請增加房貸來以債養債，於是抵押的房子遭到法拍，許多人無家可歸，而持有抵押債券的投資人也是損失慘重，次貸危機擴散到整個金融體系，引發了金融海嘯。

如果你是《星際大戰》系列電影的影迷，當我提到「證券化」的時候，你應該會有所期待吧！因為我在前言中曾提到，假使星際大戰裡的「韓蘇洛」能夠具備豐富的債券知識，或許就可運用「證券化」來擺脫顛沛流離的生活了。為了讓抵押債券的解說更為有趣，也為了讓這項較為複雜的債券結構更容易被理解，我就暫時擔任編劇兼臨時演員，改編一下這部膾炙人口的電影吧！願原力與我同在，還有希望大導演喬治・盧卡斯 [1] 不要恨我！

# ❶星際大戰？用「證券化」搶救韓蘇洛

……我一睜開眼，就看到了被冷凍碳化的韓蘇洛。在我還沒拿出手機與韓蘇洛自拍之前，一群模樣醜怪的外星人就衝了進來，押著我去見韓蘇洛的債主，也就是賈霸。「賈霸」朝著我怒吼，但我完全聽不懂他所說的話，他身旁的翻譯試了幾種語言，才順利地與我溝通。我告訴賈霸，把韓蘇洛關在這裡也拿不到錢。韓蘇洛是能夠產生現金流的「資產」，靠著走私貨物賺錢，雖然有時會被「帝國」的士兵查獲沒收，但他多數都能完成任務。我建議賈霸放了韓蘇洛，要求韓蘇洛想辦法賺錢還債，並把其他借款人和韓蘇洛的債務一起打包組合，透過「證券化」的過程，馬上就可以拿到現金，而且還可以收取一些費用。賈霸越聽越入迷，似懂非懂地點頭，隨後張開血盆大口跟著我一起狂笑。最後，他同意了我的提議。

韓蘇洛的名聲似乎不太好，於是我特別挑選幾個信用較佳的借款人，將他們與韓蘇洛的債務打包在一起，並要求所有人估算未來能夠賺到的錢以及還款的時間點。為了執行「證券化」，我將這些錢扣除必要的花費後，算出他們的還款金額，另外再扣掉賈霸想要抽取的費用，最後運用這個債務組合做為抵押來發行債券。一開始，許多人對於韓蘇洛充滿疑慮，雖然不否認他是一個機靈的走私客，但卻認為投資韓蘇洛的債務將會承受極大的風險。我費了九牛二虎之力，才讓每個人意識到，韓蘇洛的債務只是組合中的一小部分，其他借款人大多從事不同的職業，過去也少有拖欠債務的紀錄。為了令這款抵押債券

更受歡迎、認購更加踴躍，我將抵押債券經過一番設計，並找了具有公信力的機構給予信用評等，以此訂出適當的殖利率。

抵押債券被分成A、B和C三個信用評等。A等級債券的殖利率較低，但借款人還款的時候，持有A等級債券的投資人可以優先獲得配息。B等級債券的殖利率則較高，當A等級債券的投資人拿到配息之後，就配息給B等級債券的投資人。C等級債券的殖利率和風險則是最高，也就是說，在借款人沒有違約的情況下，C等級債券的投資人所獲得的配息將是最好的，但在違約情況嚴重的時候，則可能收不到配息，甚至優先承受本金的損失。我找了一家賈霸信得過的機構承銷抵押債券，結果認購情況相當踴躍。比較保守的投資人就認購A等級或B等級的債券，看好韓蘇洛或比較能夠承受風險的投資人則認購C等級的債券。

賈霸笑得合不攏嘴，口中念念有詞，說著我聽不懂的語言。他不僅收回現金，還可以在「證券化」的過程中收取費用。賈霸的模樣看起來笨拙，但其實他的腦筋相當地靈活。他明白了「證券化」的神奇魔力，因此找來所有欠他錢的人，將他們的債務分別組合打包，發行抵押債券。發債之後，他便可以馬上獲得現金，然後將現金貸放給其他需要的人，並再次組合發債。如此反覆不斷地操作，他便可以把債務膨脹成原來的好幾倍，從還款和配息的差額中賺取可觀的利潤……

韓蘇洛得救了！這樣的改變應該可以讓他的生活更加安穩，不至於總是被賈霸派人追捕，並且在往後的日子裡與家人多些時間相處，最後可能就不會被自己的兒子殺死了吧！然而，仔細想想，如果真的

將劇本改編成這個樣子，我應該會被大部分的星戰迷痛扁吧！因為賈霸放走了韓蘇洛，莉亞公主便不會潛入賈霸的地盤，也不會被抓住而成為階下囚，更不會因此穿上令人口水直流的金屬比基尼。唉！希望你不是屬於這種星戰迷，而是對於我運用「證券化」來解救韓蘇洛感到敬佩。

## ❶點石成金算什麼！抵押債券更厲害

拯救了韓蘇洛之後，希望讓你對於抵押債券能有較粗略的認識。現在，我們接著談談抵押債券的歷史，以便更深入地了解這個曾經改變國家命運的債券。

說到抵押債券的歷史，應該先從「吉利美」（Government National Mortgage Association，簡稱GNMA或Ginnie Mae）開始談起。吉利美的起源可以追溯到「經濟大蕭條」（the Great Depression）的年代 [2]。當時美國失業率高漲，房貸違約率也隨之攀高，大量法拍屋釋出，令房價和經濟持續惡化。美國國會在1934年通過了《國家住宅法案》（National Housing Act of 1934），依法設立了「聯邦住宅管理局」（Federal Housing Administration，簡稱FHA）來復甦房市。FHA擔保了通過審核的房貸，令銀行可以安心承做房貸而不需擔心違約損失。為了更進一步活絡信貸，這項法案在1938年經過修改，特許設立了「房利美」（Federal National Mortgage Association，簡稱FNMA或Fannie Mae）。房利美的英文名稱裡雖然有「聯邦」這個字，但在2008年被

政府接管之前，並非屬於政府機構，只能算是政府支持的企業
（government-sponsored enterprise，簡稱GSE）。當初設立房利美的目
的是要創造出***可供交易房貸的次級市場***，增加資金的流動性和刺激信
貸。房利美從銀行手中買入FHA擔保房貸的債權，銀行拿到現金
後，便可繼續承做新的房貸，令更多人獲得購屋資金。1968年通過
的《住宅暨都市發展法案》（The Housing and Urban Development Act
of 1968）將房利美分拆為房利美和吉利美。之後，房利美可以購買非
政府擔保的房貸債權並「證券化」來發行抵押債券，而吉利美則只為
抵押債券提供擔保，並僅限於以政府擔保房貸為抵押的債券。在
1970年，為了更加強化房貸交易市場以及增加流動性，國會另外特
許成立了「房地美」（Federal Home Loan Mortgage Corporation，簡稱
FHLMC或Freddie Mac）。同年，吉利美發展出了第一個抵押債券，
正式開啟房貸「證券化」的時代。[3]

在從前，房利美和房地美都是美國政府支持的企業，但卻沒有美
國政府的信用擔保。然而，幾乎所有的投資人皆認定，當「兩房」發
生危機的時候，政府不會坐視不管。因此，「兩房」發行的債券隱含
擁有政府的擔保，或說這是一種沒有白紙黑字的默契。1970年之後，
房利美和房地美開始「證券化」房貸並發行抵押債券。「兩房」收購銀
行的房貸債權，接著就打包房貸組合做為抵押來發債。「兩房」收購
房貸的主要資金來源是由發債而來，債券本息的支付則是來自於房貸
借款人的還款和繳息。由於「兩房」的信用評等都是Aaa等級，因此
「兩房」可用很低的殖利率來發行債券，而房貸利率通常高過債券利

率，所以「兩房」在活絡房市之外，還可從中賺取利差。

　　吉利美和「兩房」之間，有很大程度的不同。吉利美是美國政府的全資企業，隸屬於「住宅暨都市發展部」（Department of Housing and Urban Development，簡稱HUD）。吉利美的任務是將全球資金引入美國房屋相關市場，協助中低收入家庭貸款買房。吉利美本身並不涉及買賣房貸和發行抵押債券的業務，而是交由與吉利美合作的發行人來執行「證券化」和發債的流程，吉利美則以自己Aaa的信用評等來做擔保。再次強調一點，與吉利美成立之初的運作相同，這些債券是以政府擔保（例如FHA）的房貸為抵押所發行的。透過這樣的方式，由吉利美所擔保發行的抵押債券容易取得保守投資人的青睞，同時還能壓低發債的利率，將便宜取得的資金用於購買銀行的房貸，而銀行在得到源源不絕的資金後，便能以較低的房貸利率放款給需要的家庭。

　　在吉利美和「兩房」的經營運作之下，「證券化」的過程可以不斷被複製，並為房貸市場提供豐沛的資金，政府、民眾和金融機構，乃至整個經濟都能因此而受惠。這不就是所謂的「點石成金」嗎？或是比「點石成金」更加厲害，因為「證券化」除了將債權「死水」點成「活水」之外，還可倍數放大原本的貸款規模。在這樣的情形下，「最厲害」的財經官員還會舉一反三，不僅將「證券化」運用在房貸上，還推廣到車貸、學生貸款以及信用卡貸款等等。依一般的定義來說，以房貸為抵押所發行的債券稱為 **_不動產抵押貸款證券_**（mortgage-backed security，簡稱MBS），而以其他貸款或金融資產為抵押所發

行的債券則稱為資產抵押證券（asset-backed security，簡稱 ABS）。這些財經官員活絡了信貸市場，使得供需雙方不斷地獲得資金流通，經濟也因此呈現高速成長。然而，他們卻因此打開了潘朵拉的盒子，從此在金融市場中埋下了動盪不安的種子。

「證券化」隨著時間的演進，不僅在結構上趨於嚴謹，而且還衍生出增強信用評等的方式，可以把垃圾債券變成投資等級的債券。

舉例來說，假設有一家名為「暴衝」的車商，為了銷售旗下的車子而成立名為「暴衝財務」的公司，專門為客戶提供車貸買車。「暴衝財務」的信用評等並不好，只獲得穆迪給予 Ba2 的信用等級。「暴衝」生產的汽車越來越多，酷炫的造型也吸引了大眾的目光，因此「暴衝財務」需要更多的資金放款給客戶。由於信用評等不佳，直接發債籌資的利率太高，所以「暴衝財務」決定將客戶的車貸「證券化」來發行抵押債券。「暴衝財務」是抵押債券的「發起人」（originator），它從車貸客戶中挑選出信用良好的一組人，然後把客戶的債務賣給「暴衝財務」所成立的「***特殊目的公司***」（special purpose vehicle，簡稱 SPV）。*SPV* 是抵押債券的「發行人」（issuer），成立的目的是為了將資產從「暴衝財務」剝離，保障抵押債券的投資人。接下來，SPV 就可以找承銷銀行和信評機構準備發債以及訂定債券殖利率。由於車貸客戶的信用良好，信評機構給予抵押債券高過「暴衝財務」的信用評等（假設為 Aa2）。在投資人完成認購抵押債券之後，「暴衝財務」可以身兼「服務機構」（servicer）或聘請其他機構擔任。服務機構的主要工作是收取車貸客戶的還款和繳息，並將款項交由 SPV，而 SPV 收到後，

便按照抵押債券的發行條款，支付利息或本金給債券投資人。圖5.1為「暴衝財務」發行抵押債券的流程。

　　「暴衝財務」發行抵押債券的好處是，原本自行發債的利率成本較高，透過「證券化」和信用增強的方式，將債券從垃圾等級提升為投資等級，利率成本大幅降低，而且在發債和車貸的利差中還有獲利的空間。「證券化」發債提供「暴衝財務」資金活水來擴張「暴衝」公司的生意。

　　除此之外，SPV剝離資產和負債的設計也美化了「暴衝財務」的資產負債表。就算金融監管逐漸趨於嚴格，要求將SPV納入資產負債表來計算，「暴衝財務」到時還是可以選擇將客戶的債務賣給其他機

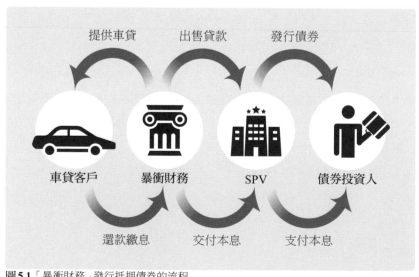

**圖5.1**「暴衝財務」發行抵押債券的流程

構，而非自己用「左手換右手」的方式成立SPV。如果選擇將客戶的債務賣給其他機構，「暴衝財務」就可以徹底將此剝離自己的資產負債表，同時仍可享受「證券化」的好處。不同的是，以「左手換右手」的方式，可以從財會操作或獲利方面「上下其手」的機會也比較多。

對於投資人來說，投資抵押債券可以獲得不錯的配息，而且所持有的債券還有抵押債務做為擔保，並非完全依賴發行人的信用。然而，投資抵押債券還是存有不少風險。以「暴衝財務」的例子來看，如果車貸客戶無力還款繳息的時候，抵押債券的發行人就沒有收入來源，因此可能無法支付利息、甚至償還本金給投資人。除此之外，投資抵押債券還有車貸客戶提前還款的風險。當市場利率走低的時候，車貸客戶便會尋找利率更低的融資管道，借入利率較低的貸款並提前償還車貸，也就是**_重新融資_**（refinancing）。之後，債券發行人就只好把本息結算給抵押債券的投資人，提前贖回部分或全部的債券。此時，由於市場利率走低，投資人面臨再投資的風險，也就是投資抵押債券的利率將比之前更低。

在市場利率走升的時候，除非車貸利率是浮動調整，否則車貸客戶沒有誘因提早還款，只會按時繳交固定的本息。抵押債券的投資人也是收到固定配息，所以債券價格將因市場利率走升而下跌。與一般債券不同的是，**_由於抵押債券中的抵押債務是由不同人所組成的，還清本金的時間各有不同，所以投資人並不是在到期日時一次拿回本金，而是在到期日之前逐漸收取本息_**。由此可知，當市場利率走跌時，抵押債券的投資人將會提前拿回部分或全部本金，然後面臨再投資的風

險。當市場利率走升時，車貸客戶通常不會提前還款，而投資人就會面臨債券價格的下跌。

「證券化」是由美國財經官員所發展出來的，而市場的力量則催生出五花八門的金融商品，因此政府監管的責任和重要性就越來越大。然而，在華爾街服下「證券化」這顆「大補丸」後，規模及實力大增，反過頭來影響國會和財經官員的決策，並要求政府放鬆金融監管，以期透過「證券化」來增加更多獲利。在這樣的背景下，「證券化」催生了美國房市的泡沫，終於在2006年下半年開始，房價出現明顯的回落，從而引爆了2007年的次貸危機！

## ❶次貸危機！無形的核彈

我不知道一顆核彈會造成多少人死亡和無家可歸，但我知道美國次貸危機的威力有多駭人。

2007年4月，美國第二大次級房貸公司「新世紀金融公司」（New Century Financial Corporation）宣布破產，揭開了次貸危機的序幕。在2009年，全美大約有395萬件法拍屋申請，集中在280萬件左右的物業上。這些被提出法拍屋申請的物業數量比2008年增加了21%，更比2007年增加120%，而每45個家庭之中，至少會有一個家庭收到法拍屋通知 [4]。次貸危機不僅重創經濟，引發金融海嘯，更令許多人無家可歸，而這些人大部分都是中低收入戶。

我曾經提過，次級房貸是指放款機構針對信用評分較差的客戶所

發放的房貸。那麼究竟信用評分較差的定義為何？美國普遍使用的信用評分是FICO score。FICO是資料分析的軟體公司，所發展出的FICO score協助放款機構（例如銀行或放款公司）評估借款人的信用風險，以此決定放款與否以及貸款利率。如果用簡單的方式來區分，房貸通常分為優級房貸（prime mortgage）和次級房貸（subprime mortgage）。

優級房貸的借款人由於信用財力較佳，所以貸款利率較低，而次級房貸借款人的貸款利率則被加上較高的風險加碼。以業界普遍評估的標準來說，借款人的FICO score在680分以上的話，所獲得的貸款通常不會被歸類為次級房貸。620分到680分之間，則有可能被歸類為次級房貸，而620分以下，則不太可能屬於優級房貸 [5]。換句話說，次級房貸借款人的FICO score大多在620分以下。圖5.2是次級房貸借款人FICO信用評分的分布圖，縱軸為百分比的數字，橫軸則為年份。由此可以看出620分以下的FICO score佔次級房貸的比率，歷年來都超過五成，也代表信用風險較高的次級房貸，在組成內容裡居然隱藏著更大的危機。

更可怕的是，為了賺取佣金，不少房貸仲介機構和經紀商還會幫助借款人作假，偽造財務證明或虛增收入數字，使得沒有能力買房的人獲得貸款。平心而論，這樣的方式並不是在幫助中低收入家庭，而是在慫恿他們去承擔超過自己能力範圍的風險。在發生次貸危機和金融海嘯的時候，這些人的房子遭到法拍，結果無家可歸，而過去辛苦賺來的錢、所繳的房貸全被一掃而空。

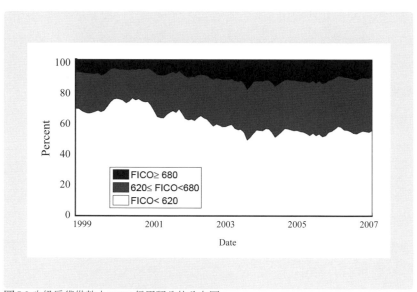

圖5.2 次級房貸借款人FICO信用評分的分布圖

　　要說次貸危機的發生沒有任何徵兆，這恐怕是財經官員的推託之詞。檢視次貸危機發生的原因，美國的財經官員在監督次級房貸和規管「證券化」方面，絕對是難辭其咎。有些官員或許對於房市前景過度樂觀，有些則可能對於失控的局面束手無策，但應該也有不少官員受到遊說團體直接或間接的影響。根據研究顯示 [6]，雖然大部分的次級房貸是在2006年和2007年所承作的，但從2001年到2005年這段期間觀察，次級房貸的「貸款拖欠率」（delinquency rate）就已經有飆高的趨勢了。

　　圖5.3顯示次級房貸的貸款拖欠率，縱軸為實際貸款拖欠率的比

率，橫軸代表次級房貸承作後的時間軸。例如2001年承作的次級房貸，在24個月後就出現了一成以上的貸款拖欠率。貸款拖欠的定義是指借款人超過60天以上沒有正常繳交月息。如以承作貸款的年份加上12個月到24個月，在2006年以前，貸款拖欠率的高峰會落在2003年到2005年左右，而這段期間是房價表現相對出色的時期（見圖5.4）。

　　連年上漲的房價讓政府和放款機構忽視了危機的存在，因為就算借款人拖欠或不還錢，放款機構手握借款人抵押的房屋，一點也不擔

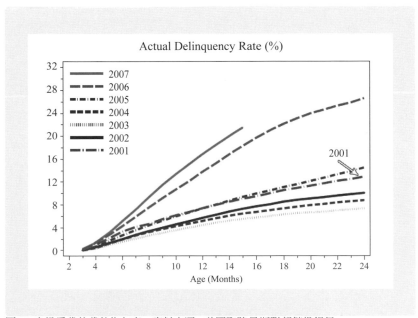

圖**5.3** 次級房貸的貸款拖欠率。資料來源：美國聖路易斯聯邦儲備銀行

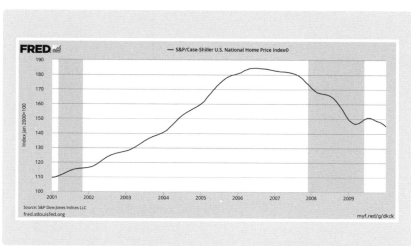

**圖5.4** 美國標普／凱斯-席勒房價指數。資料來源：美國聖路易斯聯邦儲備銀行經濟資料
庫

心房貸會變成無法收回的壞帳。2006年下半年房價開始下跌，而從
2006年和2007年所承作的次級房貸，在一、二年後的貸款拖欠率居
然高達兩成以上。房價下跌令借款人無法以債養債，也就是以較高的
房價增貸並償還既有的房貸。同一時間，放款機構擔心房屋總值跌至
房貸金額之下，所以在借款人拖欠繳款一段期間之後，便急著發出通
知，進行法拍屋的申請。房價持續下跌引發惡性循環，越來越多的借
款人失去房產，放款機構也接連虧損或倒閉，經濟因此陷入嚴重的衰
退。

　　「證券化」遭到濫用以及次級貸款氾濫，可以說是引發這場災難
的主要原因。金融機構從放款機構買入次級房貸的債權，然後打包組

合並發行抵押債券,如此反覆操作,放款機構便不愁資金來源,還可不間斷地承作次級房貸。從另一個角度來看,金融機構為了賺取「證券化」的費用以及交易的手續費,因而增加次級房貸的購買需求。在供需相互強化的過程中,次級房貸的規模更加擴大。

表5.1為歷年來一胎次級房貸的數量和平均貸款金額。一胎次級房貸代表房子在沒有設定抵押給他人或其他機構時,在放款機構設定抵押並申請貸款。在2006年下半年房價下跌之前,次級房貸的承作數量快速地上升,而平均貸款金額也逐漸增加。次貸危機推升了貸款拖欠率和法拍屋的數量,因此購買次級房貸抵押債券的投資人損失慘重,結果不僅對於經濟造成傷害,也讓金融機構對於各種房貸「證券化」的需求降低,並直接影響了信貸市場的供需和資金的流動性,使得真正需要買房的借款人求貸無門。從表5.1可以看出,在2006年房價下跌和2007年4月新世紀金融公司破產後,2007年的次級房貸新增數量便陷入急凍。

「證券化」的標的物不僅只有房貸,更涵蓋了車貸、學生貸款和信用卡貸款等。在次貸危機發生之前,以這些標的物為抵押發行的債

Descriptive statistics for the first-lien subprime loans in the LoanPerformance database.

| | 2001 | 2002 | 2003 | 2004 | 2005 | 2006 | 2007 |
|---|---|---|---|---|---|---|---|
| | | | | *Size* | | | |
| Number of Loans (*1000) | 452 | 737 | 1,258 | 1,911 | 2,274 | 1,772 | 316 |
| Average Loan Size (*$1000) | 126 | 145 | 164 | 180 | 200 | 212 | 220 |

**表5.1** 一胎次級房貸的數量和平均貸款金額。資料來源:美國聖路易斯聯邦儲備銀行

券相當盛行，不僅避險基金鍾情於此，就連保守的投資人也爭相購買號稱投資等級以上、甚至Aaa等級的抵押債券。

在次貸危機發生之後，不少投資等級以上的抵押債券居然比垃圾債券更沒價值，原因在於透過結構設計和信用增強，「證券化」將低品質的債務轉變為各種不同等級的抵押債券。更離譜的是，還有將「證券化」再次「證券化」的金融商品。複雜的創新設計使得金融體系累積更多的槓桿，結果造成經濟上的重大損失。在這類金融商品之中，最惡名昭彰的就是**_抵押債務債券_**，或稱作**_債務擔保憑證_**（Collateralized Debt Obligation，簡稱CDO）。

## ❶ CDO？將「證券化」再「證券化」

在次貸危機發生之後，如果你走訪美國各個城市，並刻意走進一些住宅區內，應該會看到不少房子外面插著售屋牌，上頭還特別標示著「法拍屋」的字樣。除此之外，你可能還會碰見住房遭到法拍的借款人，這些人多半滿面愁容，過著不知道明天在哪裡的生活。過去力推「證券化」的財經官員或許一度感到十分自豪，因為他們曾經改變了世界，幫助更多想要買房的民眾，但忽視監管的重要性，又無視「證券化」濫用所帶來的後果，最終卻導致一場大災難。2008年金融海嘯緊接著次貸危機席捲而來，其中之一的罪魁禍首便是將「證券化」再「證券化」的CDO。CDO也算是一種抵押債券，但結構比一般的抵押債券更加複雜。為了讓你能夠輕鬆了解這個曾經改變國家命運

的債券，我決定再回頭繼續改編星際大戰的劇情：

　　……我回到塔圖因行星，也就是賈霸的根據地，而現在的時間是我拯救韓蘇洛的兩年之後。「證券化」在賈霸的手中成為賺錢的利器，以走私客債務為抵押的債券已經相當普及。我打聽到，這兩年由於帝國專心對付反抗軍，所以放鬆了對於走私的打擊，因此賈霸將越來越多的資金放款給走私客，並「證券化」他們的債務成為抵押債券。

　　我更驚訝地發現，一種名為「韓蘇洛一號」的金融商品開始問世。由於韓蘇洛已經成為走私客中的翹楚，以他為名的商品預料將大受歡迎。「韓蘇洛一號」的結構是買入抵押債券來打包組合，並以這個組合抵押之後，分成Ａ、Ｂ和Ｃ三個等級銷售。投資Ａ等級的「韓蘇洛一號」，只能獲得較低的利率，但可以優先收取配息，Ｂ等級「韓蘇洛一號」的順位在較後面，而投資Ｃ等級「韓蘇洛一號」的投資人，則在Ａ和Ｂ等級配息後，獨得所有剩下來的金額。然而，如果有走私客無法按時還款繳息，抵押債券的發行人將無法正常配息，Ｃ等級「韓蘇洛一號」的投資人可能就拿不到配息，甚至優先承受本金的損失。「韓蘇洛一號」等於是將「證券化」的抵押債券再度「證券化」，將債務倍數擴大。

　　圖5.5為「韓蘇洛一號」的分配結構圖，有一組走私客總共積欠賈霸100萬，100萬的債務透過「證券化」變成100萬的抵押債券，之後再度「證券化」發行100萬的「韓蘇洛一號」。原本100萬的債務變成100萬的抵押債券和100萬的「韓蘇洛一號」，債務擴增成當初的兩倍。對於Ｃ等級「韓蘇洛一號」的投資人而言，槓桿倍數更是驚人。

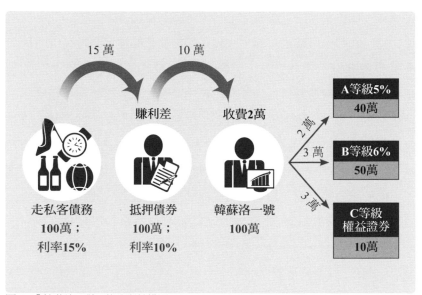

圖5.5「韓蘇洛一號」的分配結構圖

　　走私客的貸款利率是15%，抵押債券的利率是10%，所以抵押債券的年配息是10萬，中間的利差則由賈霸、抵押債券發行人和承銷機構所賺取。「韓蘇洛一號」投資抵押債券，並發行40萬A等級的債券（利率為5%）、50萬B等級的債券（利率為6%），以及10萬C等級的證券，稱作**權益證券**（equity tranche）。「韓蘇洛一號」的發行人每年收取2萬的費用，所以年配息就只剩8萬。在走私客按時繳息的情況下，A等級債券配發2萬，B等級債券配發3萬，而C等級的投資人就取得剩餘的3萬，年報酬率高達30%。

　　透過「證券化」的運作，賈霸提供源源不絕的資金給走私客做生意，因此走私活動更加猖獗，帝國驚覺事態嚴重並火速採取行動。帝國士兵開始積極查緝走私、沒收財貨，走私客損失慘重，無法正常繳息還款。賈霸似乎提前收到風聲，早已轉售所有走私客的債務，但抵押債券和「韓蘇洛一號」的投資人則損失慘重。由於大部分的走私客無力還債，抵押債券的投資人也收不到應得的利息，甚至連本金都可能賠光，而對於「韓蘇洛一號」的投資人來說，更是一大災難。雖然C等級權益證券的投資人優先承受損失，但「韓蘇洛一號」所購買的抵押債券幾乎已經沒有任何價值，因此B等級的投資人也拿不回本金。

　　至於A等級的投資人，原先以為自己持有高品質的債券，可以保住本金，結果也只能拿回些許的零頭。韓蘇洛在這波查緝行動之中，也無法倖免於難。由於賈霸已經賣出韓蘇洛的債務，所以賈霸不再追捕他，但韓蘇洛的債主卻變得更多，也就是所有與韓蘇洛債務有關的投資人。這些人不甘虧損，雇用了為數眾多的獎金獵人來追捕他……。（「證券化」的運用曾經拯救過韓蘇洛，但卻因「過度證券化」而令他的處境更為艱困。因此，若要避免韓蘇洛最終淪為悲劇型的角色，看來我改編的劇情應該要加入一些抑制「過度證券化」的要素。）

　　不過，經過這次劇情改編，我想我也不需要再解說CDO的結構了，因為「韓蘇洛一號」就是CDO！在過去，習慣槓桿運作的金融機構曾經發行和交易CDO，令金融體系累積過多的槓桿和風險。雖然CDO在2008金融海嘯後逐漸消失殆盡，金融機構的槓桿運作也受到

政府的抑制，但深藏在金融機構血液之中，那個偏好槓桿的DNA卻始終存在。最讓人驚嘆的是，金融機構透過自己的影響力和遊說團體的運作，令「槓桿化」的操作是以被規範的形式來呈現。

也就是說，雖然全球政府致力擬訂協議來抑制金融機構的槓桿操作，但卻以不到位的方式來執行，令金融機構看似被懲罰，暗地裡卻繼續拉高財務槓桿。這個所謂全球政府致力的協議就是「巴塞爾協議III」。在檢視巴塞爾協議III的內容後，實在不得不令人懷疑，協議達成的過程是否受到遊說團體的「玷汙」？

此外，也不得不令人擔憂，投資人是否完全了解巴塞爾協議III之下的債券結構？在債券「變形」前，金融機構是否會進行更多的槓桿操作？在債券「變形」後，新的金融海嘯是否形成，再次改變國家的命運呢？

參考資料（註）：

1. 喬治盧卡斯是星際大戰系列電影的創造者

2. 經濟大蕭條，是指1929到1933年之間全球性的經濟大衰退，
   Wikipedia

3. Ginnie Mae網站

4. Daren Blomquist, A Record 2.8 Million Properties Receive Foreclosure
   Notices In 2009, RealtyTrac 2009 Year-End Foreclosure Report

5. Kristopher S. Gerardi, Andreas Lehnert, Shane M. Sherlund, and Paul S.
   Willen, Making Sense of the Subprime Crisis, 22 December 2008

6. Yuliya Demyanyk and Otto Van Hemert, Understanding the Subprime
   Crisis, August 2008

# 第6章：巴塞爾協議III的債券

# THE ALCHEMY OF FINANCE

## READING THE MIND OF THE MARKET

### GEORGE SOROS

> 不知道未來會發生什麼並不可怕，
> 可怕的是不知道如果發生什麼就該如何應對。
>
> ——著名投資家 喬治·索羅斯（*George Soros*）

　　或許你不認同財經官員是「最厲害」的角色，而認為華爾街的銀行家才是幕後呼風喚雨的黑手。的確，華爾街的銀行家確實也是厲害的角色，他們透過遊說團體影響國會立法以及官員執法，甚至無孔不入地利用傳媒和專業人士來塑造有利於己的形象。在金融海嘯發生之前，不少政府的財經高層皆來自華爾街，政商間錯綜複雜的利益和心照不宣的默契，恐怕也是監管不力的主因之一。

　　為了深入了解金融機構對於國家運作的影響力，我們先檢視幾個重要的法案並分析美國大銀行的規模，接下來則談到瑞士的巴塞爾，探訪架構現代銀行監管的發源地。最後，我還會說明巴塞爾協議的內容和債券的結構，揭開「變形」債券的神秘面紗，並探討「變形」債券如何影響國家的命運。

## ❶無形的手？華爾街的威力

　　1933年，美國通過了《格拉斯－斯蒂格爾法案》（Glass-Steagall Act），也稱為《1933年銀行法》（Banking Act of 1933）。這項法案將投資銀行和商業銀行的業務嚴格劃分，避免商業銀行從事證券投資的風險，從此在美國形成了銀行和證券分業經營的模式 [1]。在法案中明文規定，除了投資等級和政府相關的證券，商業銀行不可買賣或承銷證券。然而，由於規定中存在若干漏洞，有些新發展出的金融商品也處於模糊地帶，因此給予投資銀行和商業銀行互踩地盤的空間。

　　經過時間的演進，金融機構透過自己的影響力以及遊說團體的運

作，逐漸侵蝕《格拉斯 - 斯蒂格爾法案》的精神。1998年，華爾街著名的投資銀行所羅門兄弟（Salomon Brothers）被旅行家集團（Travelers Group）買下，而旅行家集團隨即又被花旗銀行（Citibank）所併購。在併購完成後，原本為商業銀行的花旗就擁有了投資銀行，《格拉斯 - 斯蒂格爾法案》在此時已經名存實亡。

1999年，美國通過了《格雷姆 - 里奇 - 比利雷法案》（Gramm-Leach-Bliley Act），又稱為《金融服務業現代化法案》（Financial Services Modernization Act of 1999）[2]。金融服務業現代化法案消除了銀行、證券和保險機構的業務分界，這等於是讓商業銀行和投資銀行再度合體，而且還可以經營保險的業務。

從此之後，資產雄厚的商業銀行得以大規模地從事高利潤的證券業務。不少人批評，金融服務業現代化法案廢除了格拉斯 - 斯蒂格爾法案有關金融分業的條款，吸引銀行涉足高槓桿和高風險的投資，導致2008年發生金融海嘯。

2008 年之所以會發生金融海嘯，不僅是金融機構應該負責，遊說團體也扮演了關鍵性的角色。舉例來說，在2007年次貸危機之前，曾是美國最大次貸放款機構之一的Ameriquest Mortgage便與華盛頓的說客合作，運用超過2,000萬美金的政治獻金來說服政府放鬆法令，以利Ameriquest Mortgage從事更積極的放貸。幾乎在同一時期，另一間著名的次貸放款機構Countrywide Financial也從事類似的活動。Countrywide Financial在選舉中投入大約200萬美元，並花費670萬美元在華盛頓從事遊說工作 [3]。這兩間公司助長了次貸危機的

發生，最後自己也面臨破產的命運。

　　根據美國「全國經濟研究所」（National Bureau of Economic Research，簡稱NBER）的研究 [4]，金融業的政治影響力和遊說行為也是引發次貸危機的主因之一。從2000年到2007年間，從事遊說活動的放款機構將重點放在與借款人有關的法令、借貸的標準和證券法規等，希望政府放寬標準來增加貸款的成長以及「證券化」的過程。結果可想而知，越積極從事遊說和承作貸款的放款機構，之後便遭遇更高的貸款拖欠率，最終則徘徊在破產的邊緣。此外，研究還發現，在雷曼兄弟破產的時候，積極從事遊說活動的放款機構，股價表現特別地差，但在政府宣布紓困（bailout）後，股價卻表現相對地好。令人為之氣結的是，不少運作遊說的放款機構居然還是政府最主要紓困的對象。

　　到了2008年金融海嘯之後，華爾街成為眾矢之的。歐巴馬（Barack Obama）在2009年就任美國總統，同年隨即朝著整頓華爾街的方向進行。2010年，在歐巴馬和國會的努力下，通過了《陶德-法蘭克華爾街改革與消費者保護法案》（Dodd-Frank Wall Street Reform and Consumer Protection Act）。這項法案的內容為規管金融機構承擔風險的責任和運作的透明度，維護金融體系的穩定，預防金融機構「大到不能倒」，避免政府拿納稅人的錢來紓困，同時也訂立保護消費者的條款 [5]。除此之外，在歐巴馬的要求下，國會在最後階段將「*伏爾克法則*」（Volcker Rule）引入法案之中。伏爾克法則主要是限制銀行從事風險性投資，避免過度承受風險，損害客戶的權益和造成系

統性危機。例如，在《陶德-法蘭克法案》中，只允許銀行投資不超過一級資本 [6] 的3%在避險基金和私募基金。儘管這項法案被形容成1930年代經濟大蕭條以來最全面、最嚴厲的金融改革法案，但對於華爾街來說，只有「傷及皮毛」，並沒有「挫其筋骨」。

當你仔細審視這個法案的內容時，自然一眼就可看穿，華爾街運用自己的力量和遊說團體來影響立法的過程。雖然歐巴馬很自豪地認為，此項法案已經包含了他所提議的90% [7]，但最重要的銀行和證券分業模式卻沒有落實。商業銀行和投資銀行仍舊可以合體，繼續呼風喚雨，同時還可以聲稱受到《陶德-法蘭克法案》的「迫害」和限制，阻止政府和國會讓《格拉斯-斯蒂格爾法案》「重生」。

為了更瞭解《陶德-法蘭克法案》對於華爾街的影響，我編製了以下美國主要銀行的財務數據（見表6.1），用總資產、槓桿比率以及股東權益報酬率來探討次貸危機前和金融海嘯後的變化。在2008年金融海嘯發生之後，我認為華爾街的威力仍舊不減，這可從銀行總資產的消長得出結論。尤其是在政府介入整併之後，美國主要銀行的資產總和不減反增，而且增長的幅度還相當地可觀。正所謂「留得青山在，不怕沒柴燒」，只要保有足夠的資產規模，銀行就不怕發揮不了影響力，在未來便可透過遊說來放鬆監管，恢復盈利成長的動力。

話雖如此，《陶德-法蘭克法案》還是有效地抑制銀行造成金融危機。以銀行的槓桿比率（總資產除以股東權益）來看，發生金融海嘯的主因之一就是銀行的財務槓桿過高所致，尤其是過去的投資銀行，例如高盛和摩根士丹利，習慣性地運用20、30倍的高槓桿在經營生

意。在這種情況下，銀行只要一遇到系統性危機，就很容易面臨財務困境。自2009年以後，在歐巴馬政府和陶德-法蘭克法案的整頓之下，大銀行的槓桿比率普遍降到較安全的水準。此外，由於限制銀行從事高風險性的投資，股東權益報酬率也大幅下降。雖然因此縮減了銀行的獲利能力，但可令銀行朝著穩健經營的方向進行。

就監管機構的角度而言，衡量銀行的實力和風險自有一套標準，並非只依表6.1的粗略數據來評估。接下來我們就要討論，在國際上

| 銀行名稱 | 總資產（美金）<br>Total assets | | 槓桿比率<br>Leverage ratio<br>（總資產／股東權益） | | 股東權益報酬率<br>Return on common<br>shareholder's equity | |
|---|---|---|---|---|---|---|
| | 2006 | 2015 | 2006 | 2015 | 2006 | 2015 |
| 摩根大通 | 1.35兆 | 2.35兆 | 11.7倍 | 9.5倍 | 13% | 11% |
| 美國銀行 | 1.46兆 | 2.14兆 | 10.8倍 | 8.4倍 | 16% | 6% |
| 花旗 | 1.88兆 | 1.73兆 | 15.7倍 | 7.8倍 | 19% | 8% |
| 富國銀行 | 0.48兆 | 1.79兆 | 10.5倍 | 9.2倍 | 20% | 13% |
| 高盛* | 0.84兆 | 0.86兆 | 23.4倍 | 9.9倍 | 32.8% | 7.4% |
| 摩根士丹利* | 1.12兆 | 0.79兆 | 31.7倍 | 10.3倍 | 23.5% | 8.5% |

表6.1 美國主要銀行的財務數據。參考資料來源：各家銀行的年報
*高盛與摩根士丹利在2008年從投資銀行轉變成為傳統的銀行控股公司

如何檢驗銀行的經營風險。在《陶德-法蘭克法案》通過之後，銀行受到更嚴格的監管。同樣是針對金融海嘯所做出的回應，巴塞爾銀行監理委員會也在2010年推出「再進化」的巴塞爾協議III。為了深入瞭解這個主導現代銀行監管的組織，我們便一起拜訪瑞士的第三大城市——巴塞爾以及低調而神秘的機構——國際清算銀行。

## ❶央行的央行？巴塞爾協議再進化

*國際清算銀行*（Bank for International Settlements，簡稱BIS）座落在瑞士的巴塞爾，是由全球主要央行所組成，被譽為「央行的央行」。在2016年，總共有60間的央行成為會員，所代表國家的GDP約占全球95%。現今的國際清算銀行，主要任務是協助央行追求貨幣和金融的穩定、促進國際間的金融合作以及處理各國央行間的銀行業務。

然而，在此之前，國際清算銀行可以說是歷經滄桑，從「第三方支付」的角色轉變到差點被迫「清算」結業，最後卻成為推動金融穩定的主導者以及全球財經官員的聚會場所。

1930年，美國所提出的「楊格計畫」（Young Plan）受到採用，計畫內容為解決德國在第一次世界大戰後的賠款金額和還款方式。作為「楊格計畫」的一部分，國際清算銀行於同年設立，主要任務便是處理賠款收付的作業。然而，在希特勒上台之後，德國不承認任何的賠款，因此楊格計畫徹底失敗。在賠款收付的角色式微之後，國際清算銀行將重心移往各國央行間的技術性操作，例如外匯交易、國際支付

和黃金移轉，並定期舉辦央行官員的集會。在第二次世界大戰爆發之後，國際清算銀行成為各國、甚至是交戰國的金融聯絡窗口。雖然宣告中立，但國際清算銀行的角色仍然充滿爭議，還曾被批評者指責為納粹的幫兇。1944年「布列敦森林體系」（Bretton Woods System）建立，針對貨幣兌換、國際收支和外匯儲備等問題提出解決方案，並設立了IMF以及世界銀行（World Bank），而此時國際清算銀行的功能逐漸被取代。在歐洲一些央行官員奔走遊說下，國際清算銀行才免於解散，之後轉而協助歐洲於貨幣兌換方面融入布列敦森林體系，更進一步參與歐元的誕生。我們驚訝地發現，國際清算銀行不僅是「九命怪貓」，居然還能「千變萬化」，不停地轉換自己所扮演的角色。這種能力與其說是環境所逼，不如說是與生俱來，因為國際清算銀行的體內流著不少央行的「血液」，並且與各國央行保持經常性的來往。

1973年，布列敦森林體系崩潰，連結美元的管理匯率制度瓦解，導致許多銀行蒙受外匯損失。1974年，德國政府收回了「赫斯塔特銀行」（Bankhaus Herstatt）的銀行執照，因為政府發現該行的外匯曝險竟是自有資本的三倍。同年，美國的「富蘭克林國民銀行」（Franklin National Bank）也遭受嚴重的外匯損失，被迫結業收場。這兩個破產事件標誌著銀行在國際業務上缺乏監管，因此當時十大工業國（簡稱G10）的央行便推動成立巴塞爾銀行監理委員會（Basel Committee on Banking Supervision，簡稱BCBS），該組織則架構於國際清算銀行之內。[8]

*巴塞爾銀行監理委員會是銀行監管標準的制定者*，除了定期舉行集

會，與各國央行、銀行監管官員討論監管法規以及合作，還致力於維護金融穩定。巴塞爾銀行監理委員會並不是具有超主權的組織，也無法以法律效力來規範各國的監管機構。然而，巴塞爾銀行監理委員會就像是央行和監管官員的俱樂部。在俱樂部中，會員有著類似的背景和價值觀，再加上定期或不定期聚會的「洗腦」，因此白紙黑字的規定遠不及點頭握手的默契。規定總有漏洞可鑽，但對於相同階層的人來說，共同的理念和同儕的壓力反而能將漏洞補上。官員們從「俱樂部」帶回國的「默契」，通過行政和立法的程序，轉化為具有一致性的國內法規和監管模式，這便是巴塞爾銀行監理委員會所發揮出的影響力。然而，隨著「俱樂部」擴大營運，招募更多會員加入，會員之間難免出現歧見。再者，市場的參與者可能利用監管標準的不同來從事「*監管套利*」（regulatory arbitrage）。例如，跨國銀行將註冊地從監管要求較高的國家移到要求較鬆的國家，規避監管、牟取超額利潤。此外，次貸危機和金融海嘯給予「俱樂部」很人的震撼。為了避免這類危機持續發生，巴塞爾銀行監理委員會開始明訂協議內容，並將定義和規則表達得越來越清晰。

　　1980年代發生了「拉丁美洲債務危機」，點燃了「俱樂部」對於跨國銀行資本比率的擔憂。由於跨國銀行的國際業務成長越來越快，所面臨的風險也隨之加大，因此當時的G10和「俱樂部」便致力於制定「*資本適足*」（capital adequacy）的標準，最後的共識是以加權比重來衡量銀行資產負債表的風險。1988年7月，*巴塞爾資本協定*（Basel Capital Accord 或 1988 Basel Accord，簡稱 Basel I）公布，要求跨國銀

行在1992年之前符合資本比率（capital ratio）至少為8%的要求。資本比率的算法為「銀行資本佔風險加權資產」（risk-weighted asset，簡稱RWA）的比率，而RWA是根據資產的風險給予不同的權重。

例如，現金或本國國庫券的風險權重為0，AAA等級的抵押債券為20%，一般公司債為100% [9]。根據風險權重算出的RWA，有別於單純的總資產，可以較精確地評估銀行的信用風險。在銀行資本的定義上，Basel I 還將資本細分為一級資本（Tier 1 capital）、二級資本（Tier 2 capital）和三級資本（Tier 3 capital）。簡單來說，一級資本是銀行的核心資本，由普通股、保留盈餘等股東權益和額外一級資本（additional Tier 1 capital，簡稱AT1）所組成。屬於AT1的債券是用來吸收損失，以維持適當的普通股權益比率。此種債券可以取消配息、減記（write-down）本金和被轉換成股票。二級資本也稱作補充資本，主要包含混合資本債券、次順位債券等等。三級資本的主要組成為短期次順位債券，用以支應銀行操作所需的市場風險資本。

Basel I 主要是在制定標準，用以評估銀行的信用風險，之後也不斷地補充內容。然而，隨著日益複雜的風險計算和金融創新，Basel I 已經難以應付大環境的轉變。1999年，「俱樂部」提案以新的資本架構取代 Basel I，這個修改過的資本架構就是新巴塞爾資本協定，也稱作 Basel II。Basel II 有三大支柱（three pillars），第一支柱是最低資本要求，強化以 Basel I 為基礎的延伸，並求更精準地計算資本比率。第二支柱是監管審查，將監管機構的審查放入架構之內，處理各種有關風險，而銀行也需建立內部評估。第三支柱是市場制約機制，利用

訊息披露加強透明度，令銀行的財務狀況更容易被所有市場參與者評估，透過市場的力量迫使銀行穩健經營。

其實，「俱樂部」在2008年9月雷曼兄弟宣布破產前，已經注意到了強化 Basel II 的必要性。在當時，銀行的財務槓桿太高，而持有的流動性資產卻不足。這些弱點又被不當的風險管理、薪資獎金結構和鬆散的監管所放大，再加上過度的信用擴張和錯誤的信用評等，於是掀起百年罕見的金融海嘯。在危機發生之後，「俱樂部」更加積極地研擬對策。2010年11月，G20 [10] 在韓國首爾舉行領袖峰會並力推 Basel III。同年12月，巴塞爾銀行監理委員會正式同意發布。Basel III 的重點在於設定資本適足、壓力測試和流動性風險等標準，並加強與其他國際組織和監管機構的合作。Basel III 不僅精確地明訂資本比率，並同時設下達成的時間表，另外也新增了有關流動性和槓桿比率的要求。

表6.2為 Basel III 時間表的內容。以最低普通股權益資本（common equity capital 或稱 Common Equity Tier 1，簡稱 CET1）的比率來看，目標要從 Basel II 的2%增加到2013年的3.5%，之後逐漸調高到4.5%。留存緩衝資本（capital conservation buffer）則要在2019年達到2.5%的資本比率。留存緩衝資本代表的是銀行可以吸收損失的緩衝資本。如果銀行無法達到規定，監管機構將可限制銀行發放股利、員工獎金，並要求銀行盡快補足差額。留存緩衝資本可以幫助銀行建立一個緩衝空間，面對突如其來的危機。至於最低一級資本的要求，目標從 Basel II 的4%提升至2013年的4.5%，到2019年則要達到

6%。在 Basel III 的版本中，廢除了三級資本的項目，因此總資本比率（total capital ratio）等於一級資本加上二級資本，這個比率仍然需要維持在 8% 以上。總結以上所述，在 2019 年的時候，最低 CET1 加上留存緩衝資本至少要達到 7% 的標準，而最低總資本比率加上留存緩衝資本則至少要達到 10.5%。

　　我將 Basel III 的內容著重在資本要求上，是因為即將討論的債券便是以此為基礎。下頁表 6.3 為 Basel III 架構下的資本組成簡易版，這個表格可讓我們更容易了解各項資本之間的關係。好了！清楚 Basel III 的資本要求之後，我們就來了解進化版的「變形」債券吧！

| Basel III phase-in arrangements (All dates are as of 1 January) | | Phases | 2013 | 2014 | 2015 | 2016 | 2017 | 2018 | 2019 | Basel Committee on Banking Supervision BANK FOR INTERNATIONAL SETTLEMENTS |
|---|---|---|---|---|---|---|---|---|---|---|
| Capital | Leverage Ratio | | Parallel run 1 Jan 2013 – 1 Jan 2017 Disclosure starts 1 Jan 2015 | | | | | Migration to Pillar 1 | | |
| | Minimum Common Equity Capital Ratio | | 3.5% | 4.0% | | 4.5% | | | 4.5% | |
| | Capital Conservation Buffer | | | | | 0.625% | 1.25% | 1.875% | 2.5% | |
| | Minimum common equity plus capital conservation buffer | | 3.5% | 4.0% | 4.5% | 5.125% | 5.75% | 6.375% | 7.0% | |
| | Phase-in of deductions from CET1* | | | 20% | 40% | 60% | 80% | 100% | 100% | |
| | Minimum Tier 1 Capital | | 4.5% | 5.5% | | 6.0% | | | 6.0% | |
| | Minimum Total Capital | | | | 8.0% | | | | 8.0% | |
| | Minimum Total Capital plus conservation buffer | | | 8.0% | | 8.625% | 9.25% | 9.875% | 10.5% | |
| | Capital instruments that no longer qualify as non-core Tier 1 capital or Tier 2 capital | | | | Phased out over 10 year horizon beginning 2013 | | | | | |
| Liquidity | Liquidity coverage ratio – minimum requirement | | | | 60% | 70% | 80% | 90% | 100% | |
| | Net stable funding ratio | | | | | | | Introduce minimum standard | | |

\* Including amounts exceeding the limit for deferred tax assets (DTAs), mortgage servicing rights (MSRs) and financials.
– – transition periods

表 6.2 Basel III 時間表。資料來源：國際清算銀行

| | |
|---|---|
| 普通股權益資本<br>（CET1） | 由普通股、保留盈餘等股東權益所組成 |
| 額外一級資本<br>（AT1） | AT1的債券是用來吸收損失，以維持適當的CET1 |
| 一級資本<br>（Tier 1 capital） | CET1 + AT1 |
| 二級資本<br>（Tier 2 capital） | 由混合資本債券、次順位債券等所組成 |
| 總資本<br>（total capital） | 一級資本 + 二級資本 |

表6.3 Basel III架構下的資本組成。參考資料來源：國際清算銀行

## ❶瞠目結舌！進化版的變形債券

　　Basel III的目標是為了強化銀行的資本要求，並試圖完善風險控管。除此之外，在銀行遭遇危機的時候，Basel III的架構也規劃銀行從請求政府紓困（bailout）的角色轉換成「自救」（bail-in）為主，令銀行更加謹慎經營，也避免納稅人為金融風暴買單。

　　所謂「自救」的意思代表自行吸收損失，用Basel III的語言來說，也就是讓AT1和二級資本債券投資人承受本金損失或將債轉股來充實資本。我一直提到的「變形」債券，指的就是這兩類的債券，因為只要碰到預設的觸發點或在監管機構的要求下，AT1和二級資本債券就可能變成股票或化為「灰燼」。

　　Basel III 產生了不同的AT1債券，並從二級資本債券中衍生出另

一種「變形」債券，而它們都有一個共同的名稱，叫做「應急可轉債」（contingent convertible capital instruments，簡稱CoCos）。由圖6.1可以看出，CoCos有兩項主要的特點，就是*吸收損失的機制*（loss absorption mechanism）和***觸發點***（trigger）。觸發點分為條件式、自行裁量或兩者兼備的形式。觸發點通常以CET1當作指標。在Basel III的規定中，最低觸發點為5.125%，而較早期的CoCos都以此條件來發行，後來則有較高觸發點的債券出現。

在自行裁量方面，主要是指CoCos發行時附上「無法持續時點」（point of non-viability）的條款，提供自行裁量權給監管機構，讓監管

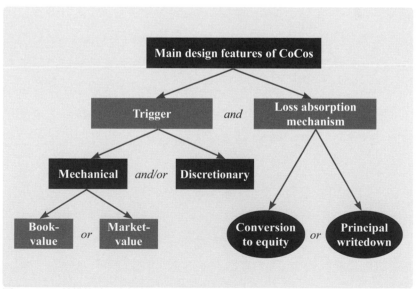

圖**6.1** CoCos結構特點。資料來源：國際清算銀行

機構決定發行人是否面臨破產，進而啟動吸收損失的機制。有些CoCos則兼具條件式和自行裁量兩項條款。CoCos的另一項特點是吸收損失的機制。在觸發吸收損失的機制之後，CoCos發行人便可按照發行條款的規定，將CoCos轉換成股票或減記本金（全部或部分）。由於CoCos的風險較高，因此就算債券發行人相同，CoCos的信用評等會較其他類型的債券低，殖利率則會較高。表6.4為CoCos結構特點與CoCos債券利率的關係。[11]

　　CoCos是AT1和二級資本之中的債券類型，但並非是唯一的類型。某些類型的特別股（preferred share）也屬於一級資本，而若干非CoCos的次順位債券也屬於二級資本。然而，在2008年金融海嘯發生後，這類特別股和次順位債券無法有效和及時吸收損失，導致政府需要大規模紓困。因此，巴塞爾銀行監理委員會訂立指引，發展出新型混合資本債券，也就是CoCos，而舊有的混合資本債券就逐漸被淘汰。

　　在Basel III的架構下，所有AT1債券都必須是永續債券，也就是到期日很長或沒有到期日的債券。這類債券的CET1觸發點通常較高（例如7%），成為吸收損失的第一道防線。二級資本的CoCos大部分到期年期為10年左右，CET1觸發點較低（例如5.125%），也是用來吸收損失的工具。圖6.2說明了CoCos在Basel III架構下的組成位置。

　　我曾提到，巴塞爾銀行監理委員會在發布Basel III之後，同時也加強與國際組織的合作，而其中一個重要的組織名叫「金融穩定委員會」（Financial Stability Board，簡稱FSB）。FSB於2009年4月在巴塞

| CoCos<br>結構特點 | 觸發點 | | 無法持續時點 | | 吸收損失機制 | |
|---|---|---|---|---|---|---|
| | 高 | 低 | 有 | 無 | 減記<br>本金 | 轉換<br>股票 |
| CoCos<br>債券利率 | 高 | 低 | 高 | 低 | 高 | 低 |

表 **6.4** CoCos 結構特點與 CoCos 債券利率的關係

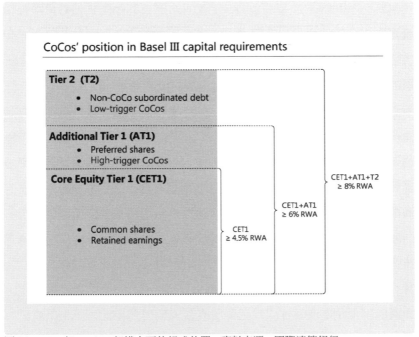

圖 **6.2** CoCos 在 Basel III 架構之下的組成位置。資料來源：國際清算銀行

爾成立，與國際清算銀行的關係匪淺，主要任務也是穩定金融。2014年11月，FSB發布了一份與巴塞爾銀行監理委員會諮詢過的文件，內容是要建立一套標準來規範「全球具有系統性風險的銀行」（global systematically important banks，簡稱G-SIBs），也就是要防範銀行「**<u>大到不能倒</u>**」，而所用的方法為建立「***總損失吸收能力***」（Total Loss-Absorbing Capacity，簡稱TLAC）的機制，使得銀行更有能力應付危機和吸收損失，避免政府紓困和納稅人買單。在2015年11月，FSB敲定最終版本。除了符合Basel III的資本要求之外，最終版本將迫使G-SIBs發行TLAC類型的債券，令TLAC工具的總量佔銀行風險加權資產的比率在2019年時達到16%，並在2022時達到18%。TLAC相當於CET1、AT1、二級資本和其他TLAC債券的總和。簡而言之，針對G-SIBs，FSB制定了超越Basel III的資本要求。[12]

聽完以上這一連串的解說後，你一定相當訝異，為何這些監管標準的制定者要創造一堆令人頭痛的名詞。此外，你應該也會感到困惑，既然要提高資本比率、降低槓桿，為何不直接要求銀行保留更多盈餘或是發行股票，反而還去催生複雜的混合資本債券。雖然沒有直接的證據，但我的直覺告訴我，這絕對是銀行發動遊說過後的結果。

對於銀行來說，只要發債的好處多過增發新股，就有誘因在營運上提高財務槓桿。為了平息民怨，各國不得不致力於抑制銀行的槓桿操作，以免銀行再次闖禍，又讓納稅人買單。在這樣的背景之下，Basel III看似要求銀行以混合資本債券來充實資本比率，但其實銀行仍舊以此來增加自身的槓桿操作。

　　Basel III的協議也不禁讓我回想起求學時代所熟知的花花公子。花花公子總是同時交往多個女友，但在被正牌女友抓到後，一番爭吵就在所難免（猶如金融海嘯）。爭吵過後，正牌女友就會跟花花公子訂定協議，要求他不可以再拈花惹草（就像要求銀行遵守Basel III，降低槓桿）。然而，花花公子畢竟是花花公子，豈會輕易就範，就算有意願想遵守協議，也往往因為情不自禁而重蹈覆轍。為了避免再與正牌女友爭吵，花花公子就得小心地挑選交往對象，並和這些對象訂下交往守則（猶如發行CoCos）。當「姦情」又被正牌女友發現時（就像碰到觸發點一樣），這些交往對象就會自動變成「乾妹妹」（猶如債轉股），或者「被失蹤」（猶如減記本金）。

　　不論銀行是否曾經發動遊說，也不論銀行是否想要恢復從前的槓桿操作，現今混合資本債券的蓬勃發展卻是不爭的事實。令人擔憂的是，銀行真正的財務槓桿比率是否持續走高？會不會在金融體系內埋下威力強大的炸彈？投資人究竟懂不懂手中持有的CoCos和TLAC債券？他們知不知道這類債券可能「變形」成為股票或是化為「灰燼」？

　　在遇到危機的時候，遵守規定的銀行難道都能「自救」，或是避免失序的破產嗎？

　　監管機關在檢視複雜的資本結構時，是否擁有自行裁量的能力，適時地要求銀行將債券轉換成股票或吸收損失呢？

　　未來的金融債券恐怕不像過去一樣單純了！從前，當銀行面臨破產而政府放棄救援的時候，投資人所持有的債券會按照順位獲得清算賠償。然而，在Basel III和FSB完善架構之後，政府會先讓AT1、二

級資本和TLAC的債券投資人先吸收損失，然後再視情況決定是否紓困。結果可能會讓這類債券的投資人血本無歸，而優先順位債券的投資人則毫髮無傷。從另一種角度來看，當政府伸出援手後，接受紓困的銀行股價必然反彈，股東的損失反而相對較小，結果可能會形成投資AT1和二級資本債券的報酬率低於股票，但風險卻大過股票的情形，資產的價格與風險遭到扭曲錯置。

我不能說Basel III對於抑制銀行運用槓桿的企圖失敗，只能說協議的規範不夠到位，而這樣的過程將導致銀行變相地提高財務槓桿，同時增加投資人損失的風險，結果恐怕將令「變形」債券引發危機，影響國家的運作！

參考資料（註）：

1. Glass-Steagall Legislation, Wikipedia

2. Gramm-Leach-Bliley Act, Wikipedia

3. Lender Lobbying Blitz Abetted Mortgage Mess, The Wall Street Journal, 31 December 2007

4. Deniz Igan, Prachi Mishra and Thierry Tressel, A Fistful of Dollars: Lobbying and the Financial Crisis, May 2011

5. Dodd-Frank Wall Street Reform and Consumer Protection Act, Wikipedia

6. 一級資本（Tier 1 capital）是金融監管機構衡量銀行財務實力的核心指標，主要由普通股和保留盈餘所組成，也包括不可贖回的非累積優先股，Tier 1 capital , Wikipedia

7. Lawmakers guide Dodd-Frank bill for Wall Street reform into homestretch, The Washington Post, 26 June 2010

8. 國際清算銀行網站

9. Basel I, Wikipedia

參考資料（註）：

10. G20是一個國際經濟合作論壇，於1999年12月在德國柏林成立，由七國集團（美國、英國、法國、德國、義大利、日本、加拿大），金磚五國（中國、印度、巴西、俄羅斯、南非），七個重要經濟體（澳大利亞、墨西哥、韓國、土耳其、印尼、沙烏地阿拉伯、阿根廷），以及歐盟組成，Wikipedia

11. BIS Quarterly Review, Bank for International Settlements, September 2013

12. TLAC Quantitative Impact Study Report, Basel Committee on Banking Supervision, November 2015

# 第7章：決策困境

## THE LIFE AND TIMES OF ALAN GREENSPAN

> ❝ 如果你覺得聽懂了我說的話，
> 那你一定是誤會了我的意思。❞
>
> ——美國聯準會前主席艾倫·葛林斯潘（*Alan Greenspan*）

「*我要打十個！*」電影《葉問》的這句台詞讓人印象深刻。雖然葉問本人很能打，但在真實世界之中，我認為美國聯準會前主席葉倫（Janet Yellen）比葉問更能打。說到這裡，你一定認為我在開玩笑。然而，財經背景出身的我，內心確實如此認為，或者是說，我覺得葉倫與他人對戰的處境較葉問更為凶險。提到葉倫，我想你應該感到好奇，既然債券可能改變國家的命運，難道各國領導人和央行行長都沒有警覺性嗎？還是他們面臨了什麼樣的困境，每每做出看似錯誤的決策呢？

接下來，我們就一起走訪多年前的美國、歐洲、日本和中國，檢視四大經濟體的決策困境。這趟旅程將有助於我們想出更好的對策，避免債券顛覆我們的世界。

## ❶ 葉倫不是葉問，卻要對打超過十個

華盛頓特區有一座白色宮殿式建築，建築物上方插著美國國旗，國旗下方站立著一隻石雕老鷹，這裡是美國聯準會的總部，許多重要的利率決策都來自於此。在2015年12月，聯準會升息一碼，之後的會後聲明令市場預期2016年可能升息四次，結果2016年卻只升息一次。此時，你應該感到十分不解，為何聯準會的預測和實際決策居然相差如此之大。

自2000年初期，聯準會採用一種名為「前瞻指引」（forward guidance）的操作方式，透過與大眾定期和頻繁的溝通，說明經濟展

望和未來可能的貨幣政策，甚至發表利率預測 [1]。這種溝通方式，美其名是提高決策的透明度，實際上讓聯準會多了一項操作利率的非傳統工具。在前瞻指引的使用上，除了明確表達之外，例如2016年可能升息四次，聯準會也會採取條件設定的方式，例如它過去曾表達，當（美國）失業率在6.5%以上或通膨不超過2%時，極低的聯邦基金利率水準仍可維持。

傳統上，***聯準會透過調整短期利率來影響長期利率，希望達到充分就業、穩定通膨和經濟成長的目標***。在使用非傳統工具QE之後，也是希望藉由提供流動性和低利率來刺激經濟。然而，若缺乏前瞻指引來管理市場的預期，這兩項工具的效果恐怕都會大打折扣。尤其在聯準會重啟升息的時候，若不提供前瞻指引，導致市場錯誤評估長期利率的話，經濟恐將大受打擊。聯準會當然希望在經濟成長穩定的情況下，啟動升息避免未來通膨過高，但升息帶動美元走強和利息成本提高，負面效應可能又將傷害經濟。透過前瞻指引來向市場說明，一方面給予大眾心理準備，另一方面也管理市場的預期，表明長期利率仍可維持在相對較低的水準，穩定經濟成長的動力。「水能載舟，亦能覆舟」，前瞻指引雖然提供聯準會操作長短期利率的魔力，但當聯準會提供的預測和行動沒有落實的時候，聯準會便可能喪失聲譽和信用。長期下來，前瞻指引的功用將會逐漸失效。

令人困惑的是，為何聯準會明知後果，卻一再讓市場感到受騙呢？我認為，這便是聯準會的決策困境。聯準會的官員不應是政客，也不該有太多的政治考量，他們的工作是專業地從數據和大勢中研判

是否調息。對於民粹和保護主義的興起、地緣政治的變化、執政當局的政策，他們只能被動式地採用貨幣政策來調和。在當時，歐洲央行行長德拉吉喊出「不計代價」、日本央行行長黑田東彥擁護「安倍經濟學」、中國政府「暴力救市」，還有其他央行採取寬鬆貨幣政策的時候，葉倫實在難以同時與其他央行搏鬥，不顧國際金融情勢而持續升息。以經濟規模和政治影響力來說，美國早已不像從前擁有一國獨大的地位。在區域經濟整合和新興經濟體興起之後，各國緊盯美元走勢和聯準會利率的情況已經丕變，因此聯準會的貨幣政策不能只是倚賴國內的數據，還要考慮到其他央行和金融市場的變動。

2016年一開始，全球股市大跌，金融市場出現大幅度的震盪。之後，日本央行在1月29日宣布負利率政策，3月10日歐洲央行也進一步調降負利率。6月24日英國「脫歐」成真，8月4日英國央行降息並同時擴大QE。這些央行的舉動都一再限制了聯準會採取升息的行動，因為只要聯準會一升息，帶動美元走強，就會對美國經濟造成不利的影響，一方面由於較高的利率帶動交易成本的上升，另一方面美元的走強將會抑制出口的力道，同時也會藉由進口澆熄溫和的通脹，還可能造成金融市場的震盪。

在GDP成長疲弱的情況下，美國經濟恐怕無法應付多種不利的因素。當然，聯準會也明白，如果遲遲沒有行動的話，持續低息的環境在未來必定造成高通膨，所以只好不斷以「出口術」，也就是只說不做，來影響利率走勢。然而，這樣的方式無法長期運作，尤其是在市場對於聯準會決策預期屢屢失準的情況下。

除了各國央行之外，葉倫還要面對一個更難應付的對象，那就是美國政府。表7.1是美國公債未償付的總額，呈現出美國政府舉債攀升的情形。截至2015年9月30日，未償付公債的總額已高達18兆美金。這也說明了，當聯準會升息的時候，同時也會加重美國政府的負擔，排擠政府支出的金額，影響經濟復甦的力道。因此，聯準會要將利率邁向正常化的過程，不僅要與其他央行通力合作，還需要美國政府致力於削減債務規模。然而，真實情況的發展卻正好相反。2016年11月川普當選美國總統後，他宣稱要擴大基礎建設以及減稅，積極擴張的財政政策必定使得公債未償付總額的增加更為快速。假使美

| Date | Dollar Amount |
|---|---|
| 09/30/2015 | 18,150,617,666,484.33 |
| 09/30/2014 | 17,824,071,380,733.82 |
| 09/30/2013 | 16,738,183,526,697.32 |
| 09/30/2012 | 16,066,241,407,385.89 |
| 09/30/2011 | 14,790,340,328,557.15 |
| 09/30/2010 | 13,561,623,030,891.79 |
| 09/30/2009 | 11,909,829,003,511.75 |
| 09/30/2008 | 10,024,724,896,912.49 |
| 09/30/2007 | 9,007,653,372,262.48 |
| 09/30/2006 | 8,506,973,899,215.23 |
| 09/30/2005 | 7,932,709,661,723.50 |
| 09/30/2004 | 7,379,052,696,330.32 |
| 09/30/2003 | 6,783,231,062,743.62 |
| 09/30/2002 | 6,228,235,965,597.16 |
| 09/30/2001 | 5,807,463,412,200.06 |
| 09/30/2000 | 5,674,178,209,886.86 |

表7.1 美國公債未償付的總額。資料來源：TreasuryDirect, 美國財政部

國經濟因此而大幅增長，這樣的發展或可稍解金融市場對於政府赤字和債務的擔憂，但如果經濟表現因為川普的貿易保護主義或其他因素而不如預期的話，更加惡化的債務將會激發金融危機的產生。屆時，難道聯準會又要重啟QE？而在政府債務規模更甚以往之際，QE的實施恐將造成更大的副作用。

## ❶梅克爾力主撙節，「超級瑪利歐」不計代價

2010年，歐洲主權債務危機爆發之後，德國總理梅克爾（Angela Merkel）就不斷力陳撙節方案和結構性改革的重要性。當時希臘要求援助，梅克爾總是堅持以撙節和改革換取紓困，致使希臘不時徘徊在「脫歐」的邊緣。從長遠的角度來分析，梅克爾的堅持是對的，因為唯有撙節才能改善赤字和削減債務，陷入財政困難的國家才能浴火重生，而結構性改革則是能夠催化整個過程。

然而，從短期來說，梅克爾似乎高估了歐洲經濟的復甦成長，也低估了民粹主義的反擊力道，撙節方案點燃不少國家的怒火，再加上2015年開始，梅克爾力推難民開放政策，不僅令德國和其他歐盟國家接收不少來自中東的難民，而此舉更使得民粹主義和「脫歐」陣營聲勢高漲。

就如同英國經濟學家凱因斯（John Maynard Keynes）所說的：「長期而言，我們都死了！」的確，對於歐元區國家來說，如果只是執行梅克爾所提撙節和結構性改革的理念，現今的歐洲恐怕早已崩解。

2012年7月，在歐洲主權債務危機引發市場對於歐元的擔憂之際，被稱為「超級瑪利歐」的歐洲央行行長德拉吉（Mario Draghi）發表了不計一切代價來保存歐元的談話，市場隨即解讀歐洲央行將在危機惡化時大舉購買成員國的公債。如果你想起在本書第三章裡，我曾提到，歐元區只是貨幣聯盟而並非財政聯盟，你應該會感到困惑。因為當歐洲央行購買成員國公債的同時，就等於介入他國的財政。但你不需感到困惑！就是因為歐洲央行立場的轉變，這才使得身處危機的成員國公債殖利率不再飆高，甚至逐漸回落到較低的水準。

德拉吉先是靠著「出口術」穩住了歐洲局勢，但接下來他的作為還真是「不計代價」！2014年6月，歐洲央行首次引入**負利率機制**。2015年3月，啟動了QE貨幣政策。2016年3月，再度調降負利率、擴大QE規模和宣布即將購買公司債。圖7.1為歐洲央行總資產走勢圖，代表著從2014年6月以來，歐洲央行的總資產從約2兆歐元成長到超過3兆歐元，也超越了之前的高點，而主要來源皆來自於購債。

***貨幣政策對於一個經濟體來說，應該只是一項調和經濟循環的工具，或是在危機發生時拿來救急，而不可當作長期復甦經濟的解決方案。***此外，過度使用貨幣政策，不但令歐元區國家累積更多的債務，還減緩了這些國家立即平衡財政和結構性改革的迫切性。造成這樣的後果，或許我們不該完全怪罪德拉吉採取積極的態度，因為這是他的職責所在。然而，央行的貨幣政策必須有個極限，並非如他所說可以「不計代價」。QE雖是非傳統工具，但有聯準會率先示範，至少也等於有了前例可遵循。可是負利率則是太過草率的嘗試，扭曲了利率的

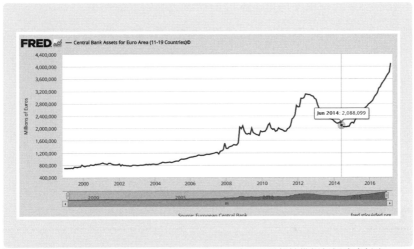

**圖7.1** 歐洲央行總資產走勢圖。資料來源：美國聖路易斯聯邦儲備銀行經濟資料庫

價格機制。至於購買公司債，又是另一項不負責任的舉動，除了令歐洲央行暴露在信用風險外，也影響了央行不該涉入的公司債市場。德拉吉應該在有限度的範圍內使用貨幣政策的工具，同時也展現歐洲央行的極限，迫使歐元區領導人思考貨幣政策以外的方案。

歐元區的決策困境主要源自於結構問題。這裡所稱的「結構」是指歐元區先天性的畸形構造，也就是只有貨幣聯盟，卻沒有財政聯盟。在這樣的結構下，歐元區領導人難以要求成員國貫徹撙節方案和結構性改革。除了經濟財政的問題之外，成員國對於各項議題也要面對各自的選民，例如在難民和移民議題上，就令成員國之間產生隔閡，直接影響到經濟和財政上的合作。

德國是歐元誕生後最大的受益者，因此梅克爾只能忍受歐元區的畸形結構，避免成員國走向分崩離析的道路。在這樣的情況下，她也只好用「出口術」來表達撙節和結構性改革的重要性，但真正的舞台還是得交給「超級瑪利歐」來盡情揮灑。

## ❗日銀由「白」轉「黑」，安倍經濟學開高走低

從2006年9月小泉純一郎卸任日本首相之後，日本所有繼任首相的任期都相當「短命」，幾乎都在一年左右就下台。會出現這樣的情形，與日本長期疲弱不振的經濟有關。直到安倍晉三在2012年12月回鍋擔任首相，日本政壇才開始比較平靜。

在安倍晉三上台之前，日本已經歷經近十五年的通縮。在這樣的政經背景下，安倍晉三就任後就隨即呼籲採取大膽的寬鬆貨幣政策，透過日圓貶值刺激出口，並希望將通膨目標設定在2%來對抗通縮，拉動經濟成長。然而，安倍晉三的想法與當時日本銀行（Bank of Japan，簡稱BOJ）的立場並不相同。日本銀行，簡稱日銀，是日本的中央銀行，而當時擔任日銀總裁的，是被戲稱為「末代武士」[2]的白川方明（Masaaki Shirakawa）。既然被稱為「末代武士」，可想而知，他的下場應該是有點淒涼。白川方明不認同安倍晉三的激進手段，因此在2013年2月宣布辭職，繼任者則是「安倍經濟學」的擁護者黑田東彥（Haruhiko Kuroda），日銀此時正式由「白」轉「黑」。

要知道日銀由「白」轉「黑」的威力有多大，可從圖7.2日銀總資

產走勢圖看出。白川方明於2008年4月擔任日銀總裁，在五年左右的任期中，日銀總資產增加的幅度相當緩慢。白川方明在2013年2月宣布辭職之後，日銀的總資產在短短三年多的時間就從163兆日圓急速擴增至400兆日圓以上，主要增加的資產皆來自於購買日本公債。如此看來，黑田東彥似乎比「超級瑪利歐」更加瘋狂，而日銀的總資產（截至2016年7月）居然與美國聯準會相差無幾。聯準會從2014年退出QE之後，總資產一直維持在4.5兆美金左右。因此，以日銀每年大幅買債的趨勢來看，日銀隨時都會成為總資產排名世界第一的央行。

自黑田東彥就任以來，日銀有過幾次重要的政策宣布。2013年4月，日銀為了達到通貨膨脹2%的目標，採取了QE貨幣政策 [3]，每年

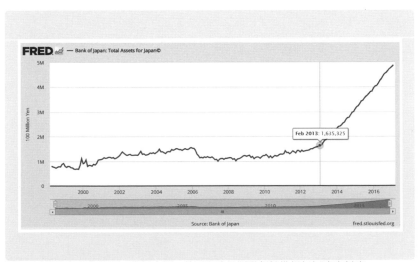

圖7.2 日銀總資產走勢圖。資料來源：美國聖路易斯聯邦儲備銀行經濟資料庫

預計增加貨幣基數大約60到70兆日圓，其中大約以50兆日圓用來購買日本公債 [4]。2014年10月，再宣布每年增加貨幣基數的金額提高到大約80兆日圓，幾乎都由購買日本公債而來 [5]。2016年1月，日銀宣布負利率政策，對於金融機構放在日銀的帳戶收取0.1%的利率[6]。2016年9月，引入控制殖利率的機制，透過債券的買賣操作，將10年期日本公債殖利率維持在0%左右的水準。此舉主要的用意是想*同時*

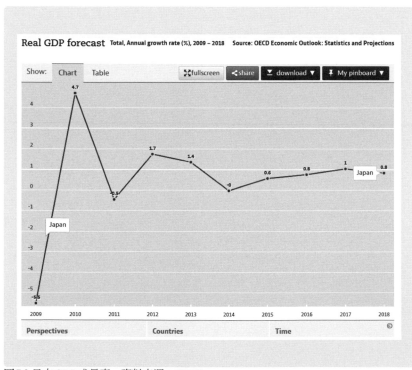

圖**7.3** 日本GDP成長率。資料來源：OECD

___控制長短期的利率___，恢復短期利率較低而長期利率較高的殖利率曲線，去除不正常的殖利率曲線，以免對於經濟產生負面影響[7]。此外，市場還揣測日銀這項「創舉」是為了拉大利差，提供銀行、保險機構和退休基金較多的獲利空間。

黑田東彥為了擁護「安倍經濟學」而不斷勇於嘗試，但「安倍經濟學」的成果卻開高走低。圖7.3為日本GDP成長率。金融海嘯造成2009年GDP大跌和2010年谷底翻升，我們排除這兩年極端的數據而來做其他年度的比較。從歷年的數字以及OECD預測2016年和2017

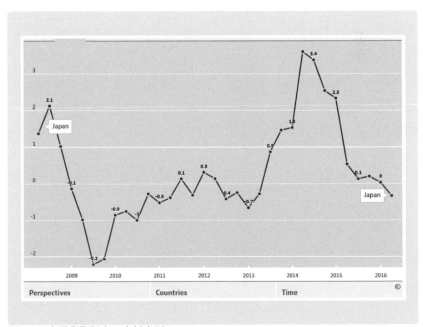

圖**7.4** 日本通貨膨脹率。資料來源：OECD

年的GDP來看，黑田東彥瘋狂「印鈔」買債，成績也不比白川方明來得高明。圖7.4為日本通貨膨脹率。同樣排除2010年前的數據，自黑田東彥於2013年3月就任之後，通膨的確有明顯的上升，甚至超越日銀所設的目標，但在2015年之後又被打回原形。

對於黑田東彥來說，他並沒有陷入決策的困境，他只需服從安倍晉三的意願即可。然而，對於安倍晉三來說，如果他沒有採取大膽的短線策略，他的首相任期恐怕也會與之前幾任相差無幾。日本與歐元區的狀況截然不同，日本政府擁有統一的貨幣和財政政策主導權。在這樣的情況下，「雙箭」齊發居然還未竟其功，顯而易見地，問題關鍵在於結構性改革。可惜的是，安倍晉三礙於政治現實，選擇將他的「大膽」放在的貨幣政策上，以求短期有所表現，卻較少著力於長期問題的真正解答，也就是結構性改革。

## ❶行長周小川，穿不過組長習大大

*中國央行行長哪兒去了？* 2016年2月香港媒體以此為標題來點名周小川 [8]。時任中國人民銀行（簡稱人行）行長，周小川不如其他央行行長出盡鋒頭，也不能在媒體採訪時透漏太多決策內容，或者說，就算是有關中國的貨幣政策，他心中可能也沒有一個清晰的藍圖。因此，除非有明確的訊息要和市場溝通，否則周小川在自己都不清楚的情況下，消失在螢光幕前總比說錯話來得好。人行決策不夠透明、與市場溝通不夠，一向為人所詬病，但為何會產生這種情形呢？

　　中國一向以黨領政，最高領導人的權力不是來自於國家主席的頭銜，而是來自黨內總書記的職位。在當時，身為總書記的習近平，為了更加掌控權力，還擔任了不少黨內小組的組長，因此除了有「習大大」的綽號外，他還被稱為是「史上最強組長」。習近平擔任中共中央財經領導小組的組長，副組長是國務院總理李克強，而周小川只是眾多組員中的一員。中共中央財經領導小組是中國經濟最重要的領導和決策單位。在以黨領政、集體決策，再加上權力鬥爭的環境中，可想而知，周小川能夠發揮的空間遠不如其他央行的行長。

　　截至2016年為止，「人行」是四大經濟體之中，唯一未採取QE的央行。雖然人行沒有透過QE的方式來買債，但這並不代表中國沒有債務問題。表7.2為國際清算銀行列出各國核心債務佔GDP的比率。中國核心債務的比率在2016年第一季時已超過250%，與美國（約250%）和歐洲（約270%）相差不遠，雖然遠低於日本（約390%），但超越了G20（約245%）和新興市場經濟體（約185%）的比率。

　　從表中的數據可以看出，人行雖沒採用QE，但中國政府卻容許大規模放貸來刺激經濟，導致核心債務佔GDP的比率自2010年以來大幅上升，遠高過其他主要經濟體的增長。中國政府為了長遠的發展，策略上將過去以投資和出口為主力的經濟模式，改變由內需來拉動成長，並希望由「世界工廠」轉型為「世界市場」，也就是將重心由工業生產移往服務業。除此之外，企業「去產能、去槓桿」和地方政府債務問題也是轉型的重點。然而，結構性改革需要經歷較長的過程，在短期內難免出現經濟放緩的現象。如何在改革和經濟成長之間

| Total credit to the non-financial sector (core debt), % of GDP | | | | | | | | | Table F1.1 |
|---|---|---|---|---|---|---|---|---|---|
| | 2011 | 2012 | 2013 | 2014 | 2015 | Q3 15 | Q4 15 | Q1 16 | Q2 16 | Q3 16 |
| Argentina | 53.7 | 56.1 | 59.5 | 58.7 | 68.6 | 58.6 | 68.6 | 75.9 | 74.2 | 74.2 |
| Australia | 203.2 | 208.0 | 216.4 | 227.7 | 239.7 | 239.8 | 239.7 | 243.0 | 244.8 | 245.6 |
| Austria | 234.4 | 238.9 | 236.8 | 240.9 | 240.8 | 242.4 | 240.8 | 243.1 | 244.7 | 243.7 |
| Belgium | 302.9 | 318.7 | 319.4 | 334.0 | 336.3 | 338.9 | 336.3 | 353.2 | 352.6 | 350.5 |
| Brazil | 124.6 | 128.7 | 130.8 | 132.1 | 142.9 | 140.6 | 142.9 | 142.3 | 141.9 | 141.0 |
| Canada | 256.7 | 266.0 | 267.7 | 272.6 | 291.9 | 287.6 | 291.9 | 292.4 | 297.4 | 301.1 |
| Chile | 127.7 | 135.3 | 143.8 | 159.0 | 171.2 | 171.0 | 171.2 | 169.7 | 170.1 | 171.9 |
| China | 180.5 | 194.4 | 210.9 | 225.8 | 245.0 | 239.0 | 245.0 | 250.5 | 253.7 | 255.6 |
| Colombia | 84.0 | 83.1 | 89.1 | 99.4 | 115.3 | 114.7 | 115.3 | 116.3 | 116.1 | 116.7 |
| Czech Republic | 128.3 | 137.4 | 141.8 | 143.1 | 134.4 | 135.7 | 134.4 | 134.3 | 133.9 | 133.7 |
| Denmark | 308.9 | 302.9 | 286.9 | 291.8 | 273.2 | 278.7 | 273.2 | 273.9 | 275.1 | 276.2 |
| Finland | 221.3 | 231.3 | 236.2 | 244.0 | 251.9 | 249.0 | 251.9 | 253.5 | 248.1 | 247.7 |
| France | 262.4 | 275.7 | 274.1 | 290.4 | 292.2 | 293.1 | 292.2 | 296.2 | 300.3 | 299.9 |
| Germany | 193.9 | 196.4 | 191.8 | 188.7 | 183.8 | 185.3 | 183.8 | 185.5 | 185.5 | 185.3 |
| Greece | 229.0 | 283.9 | 299.0 | 300.0 | 298.5 | 292.5 | 298.5 | 297.4 | 300.6 | 295.9 |
| Hong Kong SAR | 293.4 | 298.6 | 324.3 | 346.1 | 368.8 | 353.5 | 368.8 | 366.7 | 371.8 | 373.4 |
| Hungary | 207.6 | 200.6 | 191.7 | 191.8 | 182.9 | 186.7 | 182.9 | 184.0 | 181.6 | 175.8 |
| India | 125.5 | 127.3 | 127.9 | 126.9 | 129.6 | 128.2 | 129.6 | 130.0 | 128.6 | 128.2 |
| Indonesia | 53.3 | 57.5 | 63.6 | 64.2 | 68.1 | 67.6 | 68.1 | 67.1 | 68.1 | 68.2 |
| Ireland | 427.1 | 438.2 | 423.2 | 419.8 | 410.6 | 436.3 | 410.6 | 400.3 | 404.5 | 375.0 |
| Israel | 193.8 | 192.5 | 185.7 | 184.9 | 181.9 | 181.2 | 181.9 | 181.7 | 183.5 | 181.4 |
| Italy | 235.4 | 258.0 | 263.5 | 274.3 | 273.0 | 275.3 | 273.0 | 275.6 | 276.0 | 273.1 |
| Japan | 355.0 | 359.4 | 364.3 | 370.4 | 363.6 | 362.2 | 363.6 | 369.1 | 374.1 | 372.5 |
| Korea | 210.7 | 216.7 | 220.3 | 227.1 | 233.5 | 234.8 | 233.5 | 236.1 | 237.6 | 237.5 |
| Spain | 283.4 | 292.7 | 297.0 | 298.6 | 284.8 | 287.9 | 284.8 | 284.0 | 284.8 | 282.9 |
| Sweden | 267.5 | 268.9 | 273.2 | 280.7 | 280.5 | 278.9 | 280.5 | 274.3 | 275.5 | 273.5 |
| Switzerland | 233.6 | 242.3 | 240.4 | 242.3 | 244.4 | 245.3 | 244.4 | 246.2 | 247.4 | 248.1 |
| Thailand | 133.6 | 137.9 | 146.8 | 150.8 | 156.0 | 153.6 | 156.0 | 154.5 | 153.2 | 152.8 |
| Turkey | 98.5 | 98.9 | 103.6 | 105.5 | 104.2 | 108.8 | 104.2 | 103.1 | 104.1 | 105.9 |
| United Kingdom | 272.7 | 275.9 | 264.3 | 267.8 | 264.5 | 266.0 | 264.5 | 265.9 | 277.5 | 283.1 |
| United States | 252.1 | 252.4 | 248.0 | 250.3 | 250.1 | 247.3 | 250.1 | 253.6 | 255.0 | 255.7 |
| Memo: | | | | | | | | | | |
| Euro area | 252.7 | 263.9 | 261.6 | 269.1 | 267.6 | 269.7 | 267.6 | 269.8 | 271.0 | 268.6 |
| Aggregates based on conversion to US dollars at market exchange rates[1] | | | | | | | | | | |
| G20 | 218.7 | 227.3 | 226.5 | 221.4 | 233.7 | 230.2 | 233.7 | 244.7 | 247.4 | 248.1 |
| All reporting economies | 216.5 | 226.0 | 225.1 | 219.4 | 232.0 | 228.3 | 232.0 | 243.1 | 245.6 | 246.3 |
| Advanced economies | 260.9 | 270.9 | 267.3 | 255.6 | 266.4 | 264.2 | 266.4 | 277.6 | 279.7 | 279.2 |
| Emerging market economies | 131.3 | 144.7 | 153.3 | 158.4 | 174.4 | 168.7 | 174.4 | 184.8 | 187.2 | 190.0 |
| Aggregates based on conversion to US dollars at PPP exchange rates[1] | | | | | | | | | | |
| G20 | 199.3 | 204.2 | 206.7 | 212.6 | 218.1 | 215.9 | 218.1 | 220.5 | 222.5 | 223.1 |
| All reporting economies | 197.9 | 202.7 | 205.4 | 211.2 | 216.6 | 214.5 | 216.6 | 218.7 | 220.7 | 221.3 |
| Advanced economies | 264.7 | 269.7 | 267.3 | 272.0 | 271.4 | 270.7 | 271.4 | 274.6 | 277.0 | 276.7 |
| Emerging market economies | 134.0 | 140.9 | 150.4 | 158.8 | 170.3 | 166.7 | 170.3 | 171.8 | 173.7 | 175.2 |

表 **7.2** 各國核心債務佔 GDP 的比率（節錄）。資料來源：國際清算銀行

拿捏，本來就是一件不易的課題，更何況中國高層權力鬥爭激烈，每每在改革關鍵時刻，需要以穩定壓倒一切，迫使政府過度朝向經濟成長傾斜，也就是採取放鬆信貸或是「暴力救市」的方式，結果造成決策的反覆和困難，而這樣的僵局對於改善債務規模是相當地不利。

參考資料（註）：

1. What is forward guidance and how is it used in the Federal Reserve's monetary policy, Board of Governors of the Federal Reserve System's website

2. BoJ rejects call for monetary easing, Financial Times, 7 March 2013

3. 正式的名稱是QQE（quantitative and qualitative monetary easing），但本質其實就是QE

4. Introduction of the Quantitative and Qualitative Monetary Easing, Bank of Japan, 4 April 2013

5. Expansion of the Quantitative and Qualitative Monetary Easing, Bank of Japan, 31 Oct 2014

6. Introduction of Quantitative and Qualitative Monetary Easing with a Negative Interest Rate, Bank of Japan, 29 January 2016

7. New Framework for Strengthening Monetary Easing: Quantitative and Qualitative Monetary Easing with Yield Curve Control, Bank of Japan, 21 September 2016

8. 香港媒體是指香港《南華早報》中文網

# 第8章：如何避免債券顛覆國家

ANDRÉ
KOSTOLANY

*Kostolanys*
*Bilanz*
*der*
*Zukunft*

> 病人不是死於疾病，而是死於人們給他的藥。
>
> ——投資家 安德烈·科斯托蘭尼 （*André Kostolany*）

在上章檢視過全球四大經濟體的債務問題後，你會發現，雖然央行行長在媒體前出盡鋒頭、指點江山，但是貨幣政策走向寬鬆、全球債務持續增長，這些爛帳也不能完全算在他們頭上。

葉倫無法阻止美國財政和債務惡化、德拉吉不能改變歐元區的畸形結構、黑田東彥無法脫離「安倍經濟學」的框架、周小川「孤臣」無力可回天。他們能做的，只是發揮專業，調和經濟走向央行設定的目標。因此，為了避免債券顛覆國家，解決之道還是在於政治，而G20峰會則是一個最好發揮政治影響力的場所。G20就如同巴塞爾銀行監理委員會，形式上像是一間「俱樂部」，只是沒有固定開會的場所。假使有為的政治家們能在G20峰會上聚焦結構性改革，揚棄寬鬆貨幣和財政擴張等刺激方案，影響央行設定的目標，形塑正確的政治風向，並要求「俱樂部」的成員帶著「默契」回國深化改革，這便是避免債券顛覆國家的起步。

當我說要在G20峰會影響央行設定的目標時，你應該很想反駁我，認為此舉將會干涉央行的獨立性。然而，我認為央行設定目標時，不僅該以經濟數據為考量，也應考慮到政府政策的影響。當政府無所作為，甚至倚賴貨幣政策的時候，央行就只好一肩承擔，但自2016年開始，各國央行能夠發揮的空間已經明顯逼近極限。為了避免央行突破傳統的框架、發揮太多的創意，各國領導人必須有所行動。

在2016年G20的數次聲明中，除了強調結構性改革和貨幣政策之外，也開始釋放擴張財政政策的訊息，尤其在川普當選美國總統之後，全球政府在推升經濟方面，似乎形成以財政政策取代貨幣政策的

氛圍。為了阻止債務持續擴增，各國實在不該著重在財政政策而應致力於結構性改革。然而，在結構性改革短期內難有成效的情況下，如要阻止財政擴張、防範債務放大，結果可能又令央行採取更積極的貨幣政策。因此，在必要的時候，各國領導人還是得適度影響央行的行動。影響並不完全等於干涉央行的獨立性，因為央行裡總是有力撐成長、主張寬鬆的「鴿派」，以及恐懼通膨、主張升息的「鷹派」，而指派央行行長則是各國領導人的權力。

在「鴿派」執著於通貨膨脹2%的「魔術數字」而過度寬鬆貨幣時，債券的「*價*」已經長期被扭曲，債券的「*量*」已經累積到威脅國家的運作。其實，在安倍晉三逼退白川方明的那一刻，央行的獨立性已經遭到破壞。當黑田東彥實施大規模的QE和負利率之際，便已引發全球央行寬鬆貨幣的競賽。在這樣的情況下，難道我們還要眼睜睜地看著錯誤不斷發生嗎？為了維護所謂的央行獨立性，就該繼續讓央行為所欲為嗎？

為了避免債券問題顛覆國家的命運，世界各國應該要從改變債券的「價」、「量」和「質」來著手。在「價」方面，停止長期低利率對於市場運作的扭曲，也防範未來惡性通膨的發生，但為了不讓經濟與金融產生過大的震盪，仍需要央行用前瞻指引來逐漸改變市場的預期。在「量」方面，全球QE需要逐漸退場，並在「價」的配合之下，令債券殖利率逐漸回升，抑制政府和企業繼續發行新債，然後視情況降低央行資產負債表的規模。在「質」方面，嚴格監管「證券化」和過度複雜的結構債券，避免投資人誤觸高風險商品以及防範金融機構變相提

高槓桿。此外，還要恢復《格拉斯-斯蒂格爾法案》的精神，立法將銀行和證券分業經營，降低銀行的運作風險，以及減少「變形」債券發行的必要性，並逐步以普通股權益資本取代「變形」債券來滿足資本要求，藉此縮小「變形」債券的市場規模。在改變債券「價」、「量」、「質」並抑制財政擴張的同時，各國更要積極從事結構性改革。

2020 年 COVID-19 疫情爆發後的兩年內，全球通貨膨脹的情況令人觸目驚心，美國聯準會從 2022 年初到 2023 年底，總共升息 21 碼，將聯邦基金利率從 0%~0.25% 調升到 5.25%~5.5%，其他各國央行大多也是積極升息對抗通膨。此時，債券的「價」(這裡所指的是殖利率)大幅上升，債券發行者的籌資成本和壓力隨之增加。除了升息對抗通膨之外，美國聯準會逐漸進行「縮表」，也就是減少持有債券的總額，這有助於在「量」方面抑制債券的規模繼續擴張。此外，2023 年 3 月，瑞士政府為了促使該國第一大銀行 UBS 收購面臨危機的瑞士信貸，竟下令註銷瑞士信貸的 AT1 債券約 170 億美金，此舉震驚了不少債券投資人，相信也令投資人對於債券的「質」更加謹慎。這些意外的「價」、「量」、「質」方面的變化雖然在金融市場上掀起一陣風暴，但卻是政府、企業甚至個人藉此推動「去槓桿」、減債的契機。如何將債務規模減少，翻轉國家命運呢？為了不讓這個概念太過抽象，我們先簡化討論個人的狀況，然後再進化成國家層面的探討。接下來，我們就來場「魷魚遊戲」，體會一下負債的痛苦以及思考如何減債。

# ❶ 負債的痛苦！想想魷魚遊戲吧

　　在韓劇「魷魚遊戲」中，失業後的男主角靠著代駕的工作過著貧苦的生活。因為染上賭博的惡習，他不僅背負銀行的債務，還借了不少高利貸，所賺的錢根本入不敷出，連利息都繳不出來。好不容易賭馬贏的錢卻又被扒手偷走，接著被高利貸追債毒打，連女兒生日都不能好好幫她慶生，更被前妻所嫌棄。一天，男主角來到地鐵站遇見一個奇怪的人，怪人開始跟他玩遊戲，男主角因為玩輸被甩了好幾個巴掌，但在贏了幾場後，真的拿到怪人所承諾的金額。隨後，怪人給了男主角一張名片，引誘他參加更大型的遊戲。由於女兒即將被前妻帶離韓國，男主角為了改善財務困境，挽留女兒，因此決定參加這個獎金豐厚的魷魚遊戲，殊不知這不是一場輸了被甩巴掌的兒戲，而是真正會死人的賭局。

　　看完這個故事，如果我們想要拯救戲中的男主角，不讓他參加充滿危險的魷魚遊戲，就必須從他的財務狀況開始著手。首先，在支出方面，我們會要他戒掉賭博的習慣，也會要求他戒菸，將不必要或可減少的花費降到最低。接下來，在收入方面，我們會請他找一份收入穩定的工作，而代駕的工作仍可當作兼職，想方設法增加收入。負債方面，在量入為出之後便有能力還債，此時他可以跟銀行或高利貸進行債務協商，試著轉貸或壓低利率來減少利息支出。假使以上作為緩不濟急的話，男主角長得不錯，好好整理一下儀容，還可以求包養，先暫時度過難關，等到收支和負債的「結構性改革」完成後再恢復自

由之身。以上不道德的觀念並不是我想鼓勵的，只是以此為架構，比較容易進入複雜的國家層面探討。

說是複雜，但在某些方面卻又比魷魚遊戲男主角面臨的困境來得簡單，因為國家欠債不還，總統或代表不會被甩巴掌，更不會被逼去玩魷魚遊戲。當國家爆發債務危機的時候，最直覺的做法便是改革財政，刪除預算，創造更多的稅收，只要財政能夠持續盈餘，便可繼續以債養債，再逐漸利用財政盈餘減債，化解債務危機。更深入的做法是審視國家的財政、產業、貿易、社會文化等種種問題，進行徹底的結構性改革，例如年金或退休金的改革，降低現有支出以及將來的潛藏負債。又例如在課稅方面，發展具有優勢或創新的產業，促進經濟發展，提高企業與個人的所得，進而增加稅收。然而，局勢的發展有時不容樂觀，就像魷魚遊戲中的男主角，即使他想發憤圖強，債主多半沒有耐心等待，而當國家爆發債務危機時，債權人也往往不會坐以待斃。此時，身陷債務危機的國家只好「求包養」。

說國家「求包養」好像有點誇張，但在看到實際的狀況時，卻又不免在腦海中出現這個名詞。在本書的第三章，內容提到歐洲主權債務危機，當時眼看快要破產的希臘，為了得到歐盟、歐洲央行和IMF的紓困貸款，只好答應進行苛刻的結構性改革，大砍退休金、福利支出、基本工資和公部門的支出規模。在經過8年被「包養」的日子，希臘終於解除債務危機，不需再小心翼翼地看人臉色過活。另外，希臘在產業結構上的改革也令人刮目相看，帶動經濟發展，更進一步改善高負債的狀況。然而，現實是殘酷的，不是每個「求包養」的國家

都有好的結果。2013年，中國開始倡議「一帶一路」，以貸款幫助他國的名義來擴展中國的影響力和經濟利益，而斯里蘭卡便是其中一個「求包養」的國家。斯里蘭卡接受大量中國的貸款並用在基礎建設上，但這些貸款所發展的項目卻像打水漂一般，無利可圖，最後斯里蘭卡陷入債務危機，國家宣告破產，還被迫將自家的港口租借給中國99年。

　　以上所舉的兩個例子，重點不是在於討論是否「所託非人」，而是在強調結構性改革的重要性。那麼，我們到底應該如何避免債券或債務等相關問題惡化，甚至顛覆國家的運作呢？

　　結論就是……只好修練「葵花寶典」了！

## ❶「欲練神功，必先自宮？」

　　在經濟學的教科書裡總會提到，<u>一個資本可以自由移動的國家，央行將無法同時操縱匯率和利率</u>。

　　換句話說，資本自由進出、固定匯率和獨立的貨幣政策就像三顆點構成的一個三角形，每個國家只能選擇三角形的其中一邊，也就是從三顆點之中選取其中兩點，卻無法三者兼具。這項比喻也可套用在<u>結構性改革、寬鬆的貨幣政策和擴張的財政政策之上</u>。

　　寬鬆的貨幣政策只能用來短期刺激、調節經濟的景氣循環，在憂慮通膨的副作用或擔心政策逐漸失效的情況下，政府尚有從事結構性改革的動力。擴張的財政政策更是無法長期運用，在舉債上限和信評

可能遭到調降的壓力下，結構性改革的必要性將更加急迫。甚至嚴格一點來說，在進行結構性改革之際，貨幣寬鬆和財政擴張皆該收斂，因為當政府不顧一切、濫用貨幣政策和財政政策的時候，短期內所帶給市場的亢奮和幻想，必將令結構性改革被束之高閣，而如此所累積的負面能量，恐將使得未來結構性改革的推動更加困難。

為了避免經濟成長陷入惡性循環，因此一定要採取政策手段來刺激。在經濟恢復成長後，所帶來的效應將會抵消政策所產生的副作用……盲目地相信以上的說法，就是將經濟帶往惡性循環的罪魁禍首。

結構性改革雖然會降低經濟成長、令政府和人民承受痛苦，但卻是擺脫倚賴政策刺激、避免陷入惡性循環的唯一辦法，尤其是在過去經歷不當信用擴張和生產過剩之後。過度依賴貨幣政策和財政政策來發展經濟，就好比一個操勞過度的人，不去努力改變生活型態、放慢步伐，卻還是為了工作而拼命，因此服用藥物以舒緩身體所承受的負荷，甚至注射毒品來減輕壓力，其結果可想而知。

從2011年開始，中國已經無法維持動則雙位數的GDP成長，政策也逐漸朝結構性改革的方向邁進。雖然為了穩住經濟增長，政府不時以放鬆信貸或者擴張財政來刺激經濟，但還算有所節制，規模不至於過大，時間也不會拉得太長。儘管因此推遲了結構性改革的目標，卻也是為了政權穩定而被迫採取的手段。

反觀民主國家的陣營，受到選舉和民粹主義的壓力，對於結構性改革只說不做，還大力地推動貨幣政策。在貨幣政策逐漸失效之後，

又開始重彈財政刺激的老調。在貨幣政策和財政政策交替使用的情況下，國家將與結構性改革的目標漸行漸遠，經濟發展勢必也會不斷地「鬼打牆」，反覆在原地打轉。2016年以來，全球的民粹主義氣焰高漲，英國脫歐、川普當選、義大利憲政公投失敗，猶如三隻黑天鵝同年一起升空。到了2017年之後，這種民粹的氣焰絲毫沒有消減，仍在各地影響選舉的走向。在這個重要的時刻，掌握權力的政治家們應該鼓起勇氣，抵擋壓力，在G20等國際場合大聲疾呼結構性改革的重要性，形塑正確的政治風向，方能防止世界經濟走入惡性循環。

總而言之，為了避免債券引發危機，除了調節債券的「價」、「量」、「質」之外，各國還需專注於結構性改革，而啟動結構性改革的第一步，便是要減少貨幣政策和財政政策的力道。雖然經濟成長將無可避免地放緩，但國家體質才能因此獲得調適，**大量舉債和買債的必要性就會減少**。長期而言，經濟才能因此恢復正常的增長和運作。

**「欲練神功，必先自宮！」**這是武俠小說裡要練成「葵花寶典」的首要條件；而這可能也是可以避免債券顛覆全球國家命運的起步吧。

# 結語

　　有人說，人在死前的一刻，過去生活的片段就像跑馬燈，將會一幕幕閃過眼前。雖然我的職業生涯尚未告終，但從債券高配息的年代到金融海嘯後的低利率時代，又在COVID-19疫情逐漸緩和時出現高通膨，各國央行因此大舉升息，投資環境的風雲變化不時縈繞在我的腦海之中。

　　債券投資人過去對於高利率習以為常，在低利率時代卻只能追逐極低的殖利率，甚至在有些國家，投資債券或擺放定存還會被徵收利息。在低利率的環境中，債券投資人還想維持高報酬的話，就得承受莫名其妙的風險，例如債券變股票、吸收資本損失等等。這就好比吃著外型相同的麵包，過去用的是真材實料，現在用的則是複雜的化學添加物。好不容易等到利率上升，手上持有的債券價格卻又跌到慘不忍睹的地步。

　　我想，即使不去投資債券的個人，應該都能明顯地感受到金融市場的轉變。退休人士面對利率的高低起伏、變化無常，日常花費不得不相對應地調整，仍在工作或是即將步入職場的人們，更是煩惱如何理財以及是否推遲退休的計劃。為了獲取更高的報酬，我看到許多投資人一窩蜂地湧進高收益債券市場，卻沒考慮到本金損失的可能性。當債券風暴發生時，想退休的人將更難退休，而已經退休的人如果賠

上老本，生活無以為繼，恐怕就只好真的從人生中「退休」了。

我撰寫《當債券連結國家命運》這本書的初衷，便是希望有關債券報酬與風險的知識更為普及，金融從業人員能夠專業地推薦債券產品，投資人也要對自己的選擇負責，清楚明白投資的內容和風險。

此外，在善用債券累積資產、傳承財富之餘，我也希望讀者正視債券遭到濫用的後果，所產生的副作用不僅擾亂市場，影響個人的理財投資，還會引發金融危機，改變國家的命運。

債券遭到濫用的殷鑑並不遠，美國的菁英階層闖下了金融海嘯的大禍，隨後便以寬鬆的貨幣政策來收拾殘局。在經濟仍舊不見往日榮景的情況下，民粹主義的操弄者又趁勢而起，否定菁英政治的政策方向，並重啟財政擴張，結果將使債務規模膨脹，更加深處理的難度和複雜性。

我們這一代所作的「孽」現正由自己承擔，但可悲的是，各國領導人絲毫不加反省，反而變本加厲地令現況雪上加霜。

在這個時刻，我們應該捫心自問，未來還要讓後代子孫繼續面臨高負債的痛苦嗎？或是擔憂債務危機隨時會被引爆？《當債券連結國家命運》不只是一本理性說明知識的財經書，也是我個人情緒上的一次吶喊──期待我的「吶喊」能夠引發各位讀者的共鳴，攜手一起改變個人和國家的命運！

## 致謝

　　這本書能夠問世，首先要感謝大寫出版社總編輯鄭俊平先生。俊平給了我創作本書的靈感和書名，並適時地指點我寫作的方向，避免我天馬行空的想像將讀者帶往虛無縹緲的外太空。優秀的編輯可以說是書籍的共同創作者，而俊平正是扮演這樣的角色。

　　在推薦人方面，我要特別感謝李玉秋先生。李先生是我在美林工作時的上司，感謝他百忙之中抽空看稿，並為我撰寫推薦序。在財富管理的領域上，李先生擁有不凡的經驗和專業，藉由他的推薦和分享，更使本書增色不少。

　　另外，也萬分感謝《風傳媒》副總主筆呂紹煒先生的推薦。呂先生擅長財經評論，他在《風傳媒》所發表的文章，深深地影響我思考議題的角度。

　　最後感謝家人、朋友和同事對於我的鼓勵和支持，讓本書順利完成。

A GAME OF BONDS
How Bonds Change the Destiny of Nations

# 當債券連結國家命運（二版）
## “大債時代”的危機預讀本

©林睿奇 Richie Lin 著

書系｜知道的書Catch on!　書號｜HC0075R

著　　　者　林睿奇
行 銷 企 畫　廖倚萱
業 務 發 行　王綬晨、邱紹溢、劉文雅
總 編 輯　鄭俊平
發 行 人　蘇拾平

出　　　版　大寫出版
發　　　行　大雁出版基地 www.andbooks.com.tw
　　　　　　地址：新北市新店區北新路三段207-3號5樓
　　　　　　電話：(02)8913-1005 傳真：(02)8913-1056
　　　　　　劃撥帳號：19983379　戶名：大雁文化事業股份有限公司

二 版 一 刷　2024年4月
二 版 二 刷　2024年6月
定　　　價　350元
ISBN 978-626-7293-47-8

**國家圖書館出版品預行編目 (CIP) 資料**

當債券連結國家命運：
“大債時代”的危機預讀本 /
林睿奇 著 . 二版
新北市：大寫出版：大雁出版基地發行，2024.04
178 面；14.8X20.9 公分（知道的書 Catch On! ; HC0075R）
ISBN 978-626-7293-47-8（平裝）

1.CST: 債券　2.CST: 債券市場　3.CST: 投資

563.53　　　　　　　　　　　113001443